AF238394

Wenn ihr mich ruft, bin ich da
HEILUNG DURCH JESUS

RiWei-Verlag GmbH

1. Auflage 2016

© 2016 RiWei-Verlag GmbH
Alle Rechte vorbehalten
Gesamtherstellung: RiWei-Verlag GmbH
Lektorat: Bettina Maier
Gestaltung & Satz: Corinna Bernburg
Fotografien: © Heike Schneider-Klein (S. 4, 12, 28, 64, 127)
© Corinna Bernburg (S. 112, 120, Umschlagfoto)

RiWei-Verlag GmbH
Baierner Weg 4, 93138 Hainsacker
Telefon 0941/7994570
info@riwei-verlag.de
Forum: www.wuwei-shop.de/forum
TV-Sender: www.riwei.tv
www.riwei-verlag.de

ISBN 978-3-89758340-5

Wenn ihr mich ruft, bin ich da

HEILUNG DURCH JESUS

Heike Schneider-Klein

Es ist endlich kühler geworden und ruhiger. Der Staub hat sich gelegt. In der Luft klebt der Geruch von Rauch und Gewürzen. Blicke treffen sich. Der Moment ist magisch. Er nimmt meine Hand. Wir gehen schweigend. Ohne Worte ist alles gesagt. Doch das ist viele, viele Jahre, viele Leben her, oder nur einen Augenblick.

VORWORT

Kein Geringerer als Jesus selbst hat mir aufgetragen, diese Schrift zu verfassen. Und ich wundere mich noch heute darüber. Aber mit Wundern kennt er sich ja bestens aus. Also hörte ich irgendwann auf, mich zu wundern und befolge seine Bitte. Dabei weiß ich nicht mal, wie dieser Text enden wird, ich kenne bisher nur den Anfang. Wir werden sehen, in tiefem Vertrauen.

Alles fing irgendwie kurz nach der Geburt meines dritten Kindes an. Bis dahin war ich Sportjournalistin beim Fernsehen. Ein absoluter Traumjob, in dem ich meine Erfüllung sah. Doch mit drei Kindern, das war mir klar, konnte man der Sache nicht mehr gerecht werden, also verlängerte ich meine Elternzeit und hoffte, mich irgendwie klonen zu können. Eines Abends saß ich im Garten und hatte urplötzlich die Eingebung, Heilpraktikerin zu werden. Am nächsten Tag begann ich zielstrebig mit der Ausbildung, kündigte meinen Traumjob und fand in der Tat eine noch größere Erfüllung. Dieser Beruf schien mir einfach sinnvoll. Ich hatte auf Anhieb Erfolg und mein Vertrauen zu mir wuchs.

Und jetzt reihte sich Zufall an Zufall. Die Methoden, die ich anwendete, wurden immer außergewöhnlicher. Dabei kommt mir die Bioresonanz, von den meisten Schulmedizinern als Hokuspokus belächelt, aus heutiger Sicht als eher konservativ vor. Es folgten Pranaheilung, Hypnosetherapie, russische Heilweisen und besonders Thetahealing, bei der man mit Hilfe des Schöpfers diagnostiziert und heilt.

Irgendwann kam ich mit Engel-Literatur in Berührung und nahm an einem Seminar einer hellsichtigen Frau teil. Noch bevor es losging, teilte sie mir mit, dass sie es außergewöhnlich fände, dass bei mir ausschließlich Erzengel Gabriel sei, während üblich bei den Menschen Schutzengel und diverse andere Engel seien. Zunächst fand ich das rätselhaft – wie überhaupt die gesamte Veranstaltung. Im Nachhinein habe ich verstanden: Gabriel ist immer da, wo Jesus ist, er kündigt ihn an, wie einst in Bethlehem.

In der ersten Hälfte der von der Engel-Expertin geführten Meditation, habe ich rein gar nichts gespürt. Die Leiterin nahm die Erzengel Michael und Arielle wahr und ich gar nichts. *Was für ein Hokuspokus*, dachte ich und hatte ein etwas schlechtes Gewissen, dass ich meinen Mann zu dieser obskuren Veranstaltung mitgeschleppt habe.

Und dann stand er plötzlich neben mir, ganz nah, ganz präsent: Jesus Christus mit einer Ausstrahlung, die mir die Tränen in die Augen schießen ließ. Ich hatte nicht an ihn gedacht, ich hatte ihn nie näher auf Bildern betrachtet und doch habe ich ihn sofort erkannt, so als würde ich ihn schon immer kennen.

Inzwischen weiß ich auch, dass es so ist. Er stand da, seinen Fokus auf mich gerichtet, und sagte kein Wort. Ich war überwältigt und dachte noch: *Jetzt hast du auch schon Halluzinationen.* Ich zweifelte an meinem Verstand, an meinen Sinnen. Da sagte plötzlich die hellsichtige Seminarleiterin. »Oh, Jesus Christus ist im Raum!« Ich stieß einen Schrei aus, denn das bedeutete ja, dass ich nicht verrückt war, dass das, was sich da abspielte, real war. Ich hatte ihn zuerst wahrgenommen und dann erst die hellsichtige Person.

Für mich war das überwältigende Ereignis einschneidend. Im Laufe der nächsten Monate kam ich mit zwei Menschen in Kontakt, die mich von früher, von der Zeit um Jesus her kannten. Ich konnte mich wirklich an nichts von früher erinnern. Fragen um Fragen drehten sich in meinem Kopf. Warum ist er gerade mir erschienen, ich bin weder sonderlich religiös, noch besonders wohltätig oder so was. Und warum hat er kein Wort gesagt, was wollte er, was soll ich tun?

Und dann habe ich mich auf ihn eingelassen. Habe einfach ruhig dagesessen und habe ihn immer und immer wieder gespürt. Ich habe ihn gebeten, mir bei meinen Patienten zu helfen, habe ihn um Rat gefragt und plötzlich konnte ich ihn hören. Nicht hören mit den Ohren, sondern telepathisch in Gedanken. Zunächst ging es nur um Alltägliches. Ich habe ihn zum Beispiel gefragt, ob es ihn nicht etwas neidisch mache, dass ich Motorrad fahre und er nur einen Esel gehabt habe als Mensch und überhaupt, ob er den Fortschritt gut fände und so weiter.

Er ist durchaus humorvoll und hat immer die passende Antwort parat. Er ist nicht so hoheitsvoll, wie man denkt, nur geistig versunken, umgeben von himmlischen Chören. Er hat durchaus Spaß an dem Lifestyle heute, an dem gesellschaftlichen Fortschritt, aber gerade auch hier setzt seine Warnung an. So jedenfalls ging es eine ganze Zeit, ich habe ihn in meinen Alltag integriert, ihm mein Leben gezeigt, obwohl er es ja eigentlich schon kennt.

Dann erhielt ich die Aufforderung, dass ich etwas aufschreiben solle, was er den Menschen vermitteln wolle. Ich war entsetzt. Wie sollte ich himmlische Gedanken aufnehmen und niederschreiben? Kannte ich doch die gesalbten, schwierigen, geistreichen Formulierungen der Bibel, die ich als Kind schon nicht verstanden habe. »Keine Angst!«, sagte er: »Ich schicke Gedanken und du schreibst sie in deiner Sprache auf. Ich möchte, dass mich die Menschen heute verstehen.«

Und dann ließ er nicht mehr locker, er hat mich getrieben und ich hatte ein permanent schlechtes Gewissen. Ich kann eigentlich so Dinge wie Gedankenlesen oder automatisches Schreiben nicht. Ich hatte es nie versucht. Wie gesagt, ich bin weder ein weltentrückter

Yogi noch betreibe ich täglich Meditationen oder gehe sonntags in die Kirche. Ich bin total normal.

Gottergeben habe ich mich also hingesetzt und gewartet. Und dann war sie wieder da, die Christuspräsenz, und plötzlich habe ich Gedanken aufgeschrieben, die ich vorher nie gedacht hatte. Ich brauchte nicht zu überlegen, sie kamen einfach und so fing alles an.

1

Ich bin im Vertrauen. Alles wird geschehen, wie es sein soll. Jesus ist da, greifbar nah. Er ist machtvoll, übermächtig, beinah furchteinflößend in seiner Kraft und doch mild und – oh ja – humorvoll. Seine Augen blicken gütig und er lächelt. Er weiß von meinen Zweifeln, meinen Ängsten, dass ich mir das alles nur einbilde, dass alles nur eine abgedrehte Wahnvorstellung ist. Er weiß, dass mich viele für verrückt erklären werden, sogar meine Eltern fürchten um meine geistige Zurechnungsfähigkeit. Und doch werde ich tun, wie aufgetragen. Ich soll eine Botschaft verkünden, seine Botschaft. Denn Jesus ist nicht tot, er war es nie. Er lebt unter uns. Und seit einiger Zeit ist er wieder dichter auf Erden. Er erscheint und es scheint, als wolle er wieder Jünger um sich herum versammeln. Menschen, die die Wege in das Neue Zeitalter finden und aufzeigen werden.

~

Jesus lächelt: Ihr seid so weit gegangen und dabei so weit gekommen. Doch, wenn ihr nicht aufpasst, werdet ihr zu weit gehen. Ihr seht die Grenzen des Möglichen nicht mehr. Die Erde hat ein so großes Potential. Sie kann sich einzigartig regenerieren, aber ihr dürft den Punkt nicht überschreiten. Denn dann wird der Fortschritt kippen in ein Meer der Verwüstung. Und diese Verwüstungen und Katastrophen sind nicht gottgegeben, sondern von euch gemacht. Ich bin besorgt, ich liebe diese Erde, auf der ich mit eigenen Füßen gewandert bin. Ich sehe viel Gutes, dass ihr geschaffen habt. Ich sehe viele gute Geister, viele gute Seelen, die in unzähligen Inkarnationen sich selbst und ihr gesamtes Umfeld weitergebracht haben – hin zur Erleuchtung, zu dem wahren Kern des menschlichen Seins. Denn Leben ist nicht Selbstzweck, Leben ist Entwicklung zum göttlichen Kern. Doch für dieses Weiterkommen braucht ihr euren Lebensraum. Und hier zeigt die menschliche Kreativität mehr und mehr ihre Kehrseite. Technologie zieht euch zunehmend buchstäblich den Boden unter den Füßen weg. Ihr habt von Gott den freien Willen bekommen. Als Geschenk! Gott vertraut euch so sehr, dass er euch selbst die Führung über euer Schicksal überlassen hat. Doch ihr könnt das Ausmaß der Entwicklung bald aus freiem Willen nicht mehr stoppen. Dann gibt es auch keinen Nährboden mehr für die Entfaltung und Entwicklung der Seelen Der Himmel bliebe unvollständig, die Schöpfung unvollendet! Jeder hat das Ziel und das Recht zur Erleuchtung, zum Aufstieg, wie ich. Jede Seele hat das Recht, sich in Inkarnationen zu entwickeln. Viele sind dem Ziel so nah und viele sind dem Ziel noch so fern. Zu viele werden stehen, werden stecken bleiben. Der Himmel braucht die Erde!

Unvollendete Seelen, die keine Erde zu Wiedergeburt finden, werden eine ständige Sehnsucht nach Vollendung haben. Eine Sehnsucht, die dann bis in alle Ewigkeit nicht mehr gestillt werden kann. Deshalb ist der Gedanke »nach mir die Sintflut« grundlegend falsch. Denn die Hölle ist unvollendeter Himmel. Kein Schmerz ist schlimmer, als der Schmerz einer Seele, die gottlos bleibt. Jede Seele soll am Ende wieder mit Gott verbunden sein Eins sein mit dem Schöpfer von allem, was ist, das Göttliche in sich selbst entfalten. Gott ist nicht ein mächtiger Geist, der die Menschen lenkt wie Marionetten. Gott ist Energie, Gott ist alles.

Energie zieht gleiche Energie an und stößt andere Energie ab. Erst mit der Verschmelzung von Energien, von göttlichen Energien, ist der Prozess vollendet. Ist alles wieder eins, ist alles in Harmonie und unendlicher Glückseligkeit, bis in alle Ewigkeit.

Und Menschen, seid euch bewusst, es gibt keinen Tod. Wenn der Mensch stirbt, wechselt er nur die Ebenen. Und auf der anderen Seite erkennt er sich selbst glasklar. Fegefeuer, wie ihr das nennt, ist einzig und allein die eigene Erkenntnis. Die Erkenntnis, wie weit man noch weg ist vom Endziel oder wie nah man schon ist. Und man hat immer einen Weg hin zum Licht. Er ist meist nicht gradlinig, braucht oft viele Anläufe, aber er muss gegangen werden! Sonst bleibt Chaos im Innen wie im Außen.

Wer also heute ein Stück Erde vernichtet, hat morgen keine Grundlage mehr. Er zerstört selbst den Pfad, den er noch gehen muss. Darum bin ich, Jesus, wieder hier. Ich sehe so viel Gutes, so viel Potential, so Viele, die schon so weit sind. Die Botschaft ist, dass es keinen Tod gibt, aber ein Leiden ohne Ende, wenn das Leben und alle weiteren Leben nicht zu Ende gelebt werden können. Haltet Maß, schaut zurück, so dass die Erde standhalten kann.

So sei es!

~

Bevor ich diese Kapitel geschrieben habe, wusste ich wirklich nicht, was ich schreiben würde. Ich fühlte mich, wie gesagt, überfordert. Und die Gedanken waren nicht meine Gedanken, sondern seine. Ich habe sie nur auf meine Weise notiert. Und ich werde es tun, bis er es für vollendet hält.

2

Wenn ihr mich ruft, bin ich da. Ich kann an vielen Orten gleichzeitig sein, denn ich bin reine Energie. Eine allumfassende Energie, die dahin strömt, wo eine äquivalente Wellenlänge ist. Ich bin hier und da, überall und zu jeder Zeit. Ich bin Vergangenheit, Gegenwart und Zukunft. Ihr Menschen könnt das nicht begreifen, denn ihr seid begrenzt in eurer Wahrnehmung und in eurer Hülle. Aber es ist, wie ich es sage. Manche von euch können mich stärker wahrnehmen, sie können mich vor ihrem inneren Auge sehen, mit ihren inneren Ohren hören, mit ihrem Geist meine Gedanken erfassen. Und zweifelt nicht, dass alles echt ist. Alles, was sich in meinem Namen rein und gut anfühlt, ist wahrhaftig. Alles, was dunkel, böse, eitel daherkommt, ist ein Trugschluss. Ich suche nach Sendern in der heutigen Zeit und bei vielen werden die Antennen feiner. Es ist wichtig, dass ich euch wieder erreiche, denn sonst verblasse ich zur Legende, die ihr anbetet, ohne sie richtig zu verstehen. Euer Herz muss ich erreichen und ich benötige Medien, Übersetzer, die meine neue Botschaft aufnehmen und lebendig halten. Die Botschaft ist modern und dringend. Aus Liebe zu euch komme ich wieder, um meine Worte in die heutige Zeit zu bringen. Ihr könnt mich wahrnehmen als Gefühl, als Ahnung, als Gänsehaut mitunter oder auch ganz real. Ihr müsst nur hören, nur sehen, nur fühlen. Dazu müsst ihr still werden, mich hineinlassen. Geht in die Natur und ihr werdet mich erfahren, zunächst ein leiser Schauer, undeutlich, dann als Gewissheit. Ja, ich bin real. Gelobt seien jene, die nicht zweifeln und zu mir stehen – nicht als historische Legende, die im Himmel auf den jüngsten Tag wartet, sondern als Energie, die mitten unter euch ist.

Ich liebe euch wie vor 2000 Jahren und ich liebe diesen Planeten. Er ist einzigartig unter den unzähligen Planeten und Welten des Universums. Gott hat die Erde auserkoren für sein wunderbares Experiment. Er liebt die Menschen, er ist eins mit den Menschen, er ist praktisch der vollkommene Mensch, er setzt auf die Menschen. Alles und jeder hat seinen Platz. Niemand ist unwichtig. Schwarz und Weiß sind wichtig und alle Zwischentöne.

Auch das Böse in euch ist wichtig für euer Fortkommen weg vom Bösen. Ohne dunkel kein hell, ohne unten kein oben, ohne schlecht kein gut. Ihr habt es in der Hand, die Balance zu finden. Jede böse Tat, jede Krankheit, jeder Verlust hat einen Sinn, auch wenn ihr all dies manchmal nicht hinnehmen könnt. Wenn euch jemand unrecht tut, gibt er euch die Chance, ihm liebevoll die Hand zu reichen. Wenn euch jemand betrügt und euch übel mitspielt, gewährt er euch die Gnade, an ihm zu

wachsen. Nehmt euch Zeit für die Schau nach Innen, verurteilt euch nicht, verurteilt andere nicht, sondern entwickelt euch mit jeder Tat oder Untat. Denn das ist eure Aufgabe. Eure Aufgabe ist es, zum Licht zu streben und selbst zum Licht zu werden. Vereint euch mit meiner Energie und ich trage euch zur Einheit.
So sei es!

~

Wieder fließen mir die Worte zu und ich schreibe sie gerne auf. Jesus ist mir so nah, als säße er tatsächlich neben mir. Und eigentlich tut er es ja, auch wenn andere ihn nicht wahrnehmen. Ich bin dankbar und vertraue. Ich rede oft mit Jesus. Wenn ich zum Beispiel bei einem Patienten unsicher bin, gibt er mir das Gefühl, dass ich nicht alleine bin. Er hat mir eine spezielle Heiltechnik vermittelt. Er sagt mir, wie ich die Hände halten soll und auch, wie die Heilung geschieht. Er ermahnt mich, in meinem Herzen zu bleiben, seine Liebe durch mich hindurchströmen zu lassen und dabei selbst in Liebe zu sein. Denn sonst funktioniert das nicht. Und dann glaube ich fest an die Heilung und vertraue auf seine Wunder. Es sind seine Wunder, die geschehen, wenn der andere bereit ist, sie anzunehmen, wenn er wirklich geheilt werden will und nach dem göttlichen Plan auch soll. Denn oft ist für den Mensch auch seine Krankheit noch wichtig zum Wachstum. Dann wirken die Wunder später, zur rechten Zeit. Trotzdem spürt der

Patient durch Jesus Mitwirken immer eine Änderung. Wenn nicht direkt körperlich, dann im Bewusstsein, im Herzen. Normalerweise verabschieden die Menschen sich nach einem Termin bei mir, reden über den weiteren Therapieverlauf oder dergleichen. Bei einer Sitzung aber, wo Jesus dabei war, bedanken sie sich immer. Auch wenn sie nicht wissen warum, hinterlässt er seine Aura.

3

*Für mich ist es ein unbeschreibliches Gefühl, wenn ich
seine Energie spüre. Das Herz scheint zu zerspringen vor
Liebe. Warum hat er mich ausgesucht?*

~

Heike, ich kenne dich schon so lange. Damals warst
du auch an meiner Seite. Die Frauen werden in der
Bibel und in der Geschichte meist nur am Rande er-
wähnt. Doch es waren oft gerade die Frauen, die zu mir
standen, die mich liebten und die mich nicht feige ver-
leugnet haben. Irgendwann wirst du dich erinnern, Fet-
zen sind schon da, eine Ahnung tief im Unterbewuss-
ten. Und ich habe dich nicht zufällig ausgesucht. Denn
so wie Frauen vor mehr als 2000 Jahren im Hintergrund
viel bewegt haben, werden sie nun in den Vordergrund
treten. Sie, die Mütter dieser Erde, haben die Fähigkeit
der tiefen Liebe und des Verständnisses. Frauen leben
aus dem Herzen, aus dem Gefühl, wenn es nicht ver-
schüttet wird. Und Jahr für Jahr werden sie selbstbe-
wusster, befreien sich von den Zwängen. Ja, auch die,
die sich heute die geistigen Führer nennen, werden das
akzeptieren müssen. In der heutigen Zeit ist eine andere Dominanz gefragt, nicht die Dominanz durch Kraft

und Gewalt, sondern die Dominanz der Liebe. Die Liebe ist die Energie, die zählt, die Liebe entzündet den göttlichen Funken. Männer haben auch eine weibliche Seite und Frauen eine männliche. Wenn Frauen ihre männliche Seite entdecken und Männer ihre weibliche, ist die Harmonie wieder hergestellt. Beides ist da, wie schwarz und weiß.

Das Ziel zur ewigen Vollendung ist das Gleichgewicht. Wenn immer mehr Menschen zunächst in sich selbst diese Harmonie zwischen Weichheit und Stärke vereinen, wird es zu einer Kettenreaktion kommen. Es entstehen neue Persönlichkeiten, für die Gefühle keine Schwäche und das Durchsetzen von aufrichtigen Zielen keine Machtdemonstration sind. Wenn alles im Fluss ist, gibt es kein oben und kein unten, kein gut und kein böse, nur harmonische Energie, die zusammengefunden hat. Das ist das Ziel für jeden einzelnen, wie für die gesamte Menschheit.

Leben Menschen im natürlichen Gleichtakt, fühlen sie sich wie ein Körper, schlägt in ihnen ein Herz, ist das Leben gerettet, ist das Leben nach dem Leben gerettet. Für den Übergang, zum Ausgleich des Pendels, braucht es speziell die Herzen, die Gefühle, den Mut der Frauen.

So sei es!

~

Als ich als Kind die Bibel gelesen habe, war mir Jesus nie richtig nah, eher abgehoben. Mit all den klugen Gleich-

nissen, die mir manchmal sogar Angst gemacht haben. Und plötzlich, mit einer Begegnung, hat er auf unvergleichliche Art mein Herz erreicht.

4

Jesus versteht die Menschen, auch wenn sie mal nicht so gut drauf sind, übel gelaunt oder ungerecht. Auch ich bin öfter über mich selbst enttäuscht. Aber Jesus verzeiht. Er findet es o.k., wenn man Fehler macht, denn daran wächst man. Man richtet immer nur über sich selbst. Und wie soll man vorankommen, wenn man nicht in sein Gewissen hört, reflektiert, und die Vergangenheit für die Zukunft nutzt. Das Endziel ist, dass man sich selber hundert Prozent akzeptiert, sich selber hundert Prozent liebt. So einfach!

~

Es gibt keinen Gott im Himmel, der euch richtet. Ihr müsst euch selber vergeben, sonst tut es niemand. Es gibt keinen Gott im Himmel, der euch richtet. Auch keinen Teufel in der Hölle, der euch büßen lässt. Die Verantwortung hat Gott euch selbst überlassen. Das ist eine große Gnade und Chance, aber mitunter auch eine große Qual. Wenn ihr euch nicht selbst verzeiht, nichts aus euren Taten lernt, werdet ihr nicht zur reinen Energie der Göttlichkeit. Euer Unterbewusstsein lässt sich nicht täuschen, es kann glasklar unterscheiden. Aus der quälenden Sehnsucht in eurem Herz könnt ihr euch nur selber befreien. Fehler sind individuell. Nicht alles, was andere verurteilen, muss für euch ein Fehler sein. Nur euer Gewissen zählt. Und glaubt mir, es wird euch nicht betrügen. Euer Gewissen trägt den göttlichen Kern in euch. Ihr seid göttlich, jeder einzelne. Ihr müsst nur dem göttlichen Kern lauschen und vertrauen, dann ist alles möglich. Ihr findet Gott in euch! Auch ich war zu Lebzeiten vielen ein Dorn im Auge. Aber ich habe aus Überzeugung für das Gute gelebt und gekämpft. Es war mein Gutes und das Gute Gottes. Aber es war nicht aller Menschen Gutes. Auch heute geschehen Dinge unter meinem Namen, die manche gut finden, andere nicht. Und ich selbst mitunter auch nicht. Meine Kirche ist statisch geworden, sie lebt nicht mit den Menschen weiter. In meinem Namen werden Rituale abgehalten, die ich nicht beabsichtigt habe. Starre Hierarchien waren und sind mir ein Greul, starre Regeln habe ich nie verlangt. Mich ehrt es, dass so viele Christen meiner gedenken, das Brot teilen. Aber das Wie ist nicht immer mein Weg. Ihr sollt mich nicht anbeten, ihr sollt mich leben. Ihr sollt euch nicht vor mir klein machen, ihr sollt aufrecht vorangehen. Ihr sollt nicht vor mir nieder knien, ihr sollt für meine Ziele einstehen und friedlich kämpfen. Ihr sollt nicht so ein Bohai und einen Prunk zelebrieren, ihr sollt mir nachfolgen. Wer Flügel haben will, muss sich von dem Klotz am Bein befreien. Er muss frei sein, rein sein, Licht sein.

Vielen Kirchenführern sind Traditionen und alte Machtstrukturen wichtiger als das lebendige Wort. Tradition und Rituale geben Halt und sind Anker für viele. Aber mit einem Anker kann man nicht segeln, kann man nicht frei seinen Kurs bestimmen, kann man dem Ziel nicht näher kommen. Die alten Tretmühlen sind nun überholt. Die Zeit ist reif, um sich aufzuschwingen, seinen Geist zu erheben, frei zu werden für Gott. Das universelle Gewissen ist fertig gesponnen. Hört darauf und ihr könnt nichts Unrechtes tun, oder ihr werdet an dem Unrechten wachsen. Lasst es zu, dass sich eure Seele Gehör verschafft. Lass das Männliche und Weibliche in euch harmonisch verschmelzen. Weltlich gesprochen heißt das auch, die zwölf männlichen Jünger waren damals richtig. Die vielen Frauen, die an meiner Seite waren, wurden geschichtlich nicht weiter beachtet. Doch warum seid ihr heute kaum weiter? Es gibt keinen Unterschied im Geiste. Gott ist Vater und Mutter. Gott ist alles, wer wagt es, daran zu zweifeln? Die Dualität ist überholt. Lasst Frauen wie Männer in meinem Namen reden und mich lebendig halten. Lasst allen Menschen Flügel wachsen. Nur so könnt ihr den Himmel erreichen. Es wird nie einen vollendeten Himmel geben, wenn nicht letztlich alle die Höhen erreichen. Sonst wird das Ungleichgewicht, die Spannung bleiben. Viele aufgestiegene Meisterinnen und Meister sind schon da und es werden immer mehr. Aber das sind nicht die, die an ihrer weltlichen Macht festhalten. Mein Leib und mein Blut sollen euch nicht träge und schwerfällig machen, sondern frei für die Ewigkeit. Wenn ihr eure Priester nicht lehrt zu fliegen, sondern sie in Hierarchien und Zwängen gefangen haltet, wie sollen sie der Menschheit auf eine andere Ebene verhelfen? Alles ist gleich, alles ist gut, männlich und weiblich. Alles strebt nach Harmonie, nicht nach Trennung und Verurteilung. Ich war Mensch und als solcher auch leidenschaftlich. Ich habe leidenschaftlich für Gottes Wort gestanden bis zum Tod. Ich habe leidenschaftlich die göttliche Luft geatmet, das göttliche Wasser und das göttliche Brot genossen. Ich habe leidenschaftlich geliebt. Ich hatte Seelenpartner und Seelenpartnerinnen, mit denen ich bis heute verbunden bin. Ja, und ich hatte Beziehungen.

~

Stopp! Habe ich das richtig verstanden, soll ich das wirklich schreiben, ist das nicht provozierend und ketzerisch, wo unsere Priester noch im strengen Zölibat leben?

~

Sexuelle Vereinigung ist o.k., wenn sie aus wahrer Liebe geschieht, ist sie wie ein Funke Gottes. Geschieht sie aus reiner Begierde oder gar zum Machtmissbrauch, gehe zurück, bedenke, lerne, bereue oder bereue nicht und wachse später. Der Himmel kann warten, lässt jedem seinen Spielraum und seine Zeit.
So sei es!

5

Sieben Tage soll ich schreiben, so die Botschaft. »Sieben«, die heilige Zahl. Wenn ich Jesus wahrnehme, wird mir kalt und ich bekomme eine Gänsehaut. Für mich ein sicherer Indikator. Diese Kälte auf der Haut ist nicht unheimlich oder gruselig. Sie ist ein Zeichen, dass Energie ganz nah ist, dass sie sich mit meiner Energie verbindet. Dann bin ich glücklich und ein offener Kanal.

~

Die Botschaft heute gilt den Kindern. Manchmal werdet ihr eure Kinder nicht mehr verstehen. Sie werden in die neue Zeit hineingeboren. Sie atmen von Geburt aus freier, als es bisher möglich war. Sie sind feingeistiger. Lasst sie sich entfalten. Presst sie nicht in eure Normen und ausgetretenen Pfade. Lasst sie den Weg selber finden und sie werden euch lehren, sie werden euch die Augen öffnen, sie werden euch zum Herzen lenken. Der Umgang mit den Kindern ist denkbar einfach. Redet von Herz zu Herz, fühlt von Herz zu Herz, liebt von Herz zu Herz. Gott hat die Kinder eingehüllt in seinen Mantel des Schutzes und er hat ihnen neue Weisheit mitgegeben. Sie werden über das Grobstoffliche hinaus blicken können. Bildung ist wichtig,

Herzensbildung ist wichtiger. Lasst zu, dass sie ihre Instinkte entwickeln, ihre Gaben entfalten können. Kinder brauchen die Natur. Sie müssen Wasser, Erde, Pflanzen, Tiere erfahren, mit allen Sinnen. Und ihre Augen sehen mehr, ihre Ohren hören mehr, ihre Nasen riechen mehr, ihre Hände tasten mehr, ihre Herzen fühlen mehr. Sie haben den göttlichen Funken, erstickt ihn nicht. Sie können mit Gott und den himmlischen Wesen kommunizieren, wenn sie noch sehr klein sind. Für sie sind Engel keine Gestalten aus einem Buch, sondern sie sind real wie ihr. Lasst sie sehen, lasst sie hören, lasst sie fühlen, denn sie sind mit allem eins. Wenn sie träumen, mahnt sie nicht zur Pflicht. Wenn sie lieben, ermahnt sie nicht zur Ernsthaftigkeit. Wenn sie lachen, ermahnt sie nicht zur Ruhe. Lernt aus ihren Augen, lernt von ihrer Seele, denn sie sind weiter, weiser im Geiste. Lasst sie frei. Und dann werdet wie sie. Kramt das Kind in eurer Seele wieder hervor, lasst es auch träumen, lachen und toben. Und dann werdet still und hört mit eurem inneren Kind in die Stille. Dann könnt ihr auch alles wahrnehmen, wie eure Kinder. Alles ist dann möglich. Ihr seid auf Erden und im Himmel gleichzeitig. Lebt mit allen Sinnen und Übersinnen. Ihr werdet mich wahrnehmen, ihr werdet sogar Gott wahrnehmen. Ihr werdet die Engel erleben und viele weise Seelen, die schon voraus sind. Ihr werdet Schritte in andere Dimensionen unternehmen. Eure geistige Kraft wird Raum und Zeit überwinden. Ihr bekommt eine Ahnung von dem, was ihr Himmel nennt. Denn Himmel ist ein seelischer Zustand, Himmel ist alles und nichts, ist innen wie außen. Himmel ist eins mit euch. Ihr müsst nur loslassen und euch an euren Kindern orientieren. Gängelt sie nicht, haltet sie nicht an der kurzen Leine. Lasst sie losziehen und euch führen.

Manchmal, wie gesagt, werdet ihr sie nicht verstehen, ihr denkt, ihr werdet nicht mehr mit ihnen fertig, denkt, ihr habt als Eltern versagt, wenn eure Kinder nicht »nach Plan« laufen. Wenn ihr ihnen die Flügel stutzt, werden sie abstürzen. Ebenso wie das Kind eurer Seele. Nur die Liebe ist real.

So sei es!

~

Das sind schöne Worte. Als Mutter von drei Kindern macht mich das glücklich. Es ist das, was ich fühle. Doch es ist nicht einfach im Alltag. Wenn die Schulnoten schlecht sind, wenn ein Kind nicht programmgemäß lernen kann, ertappe ich mich selbst dabei, wie ich Druck ausübe, damit mein Kind nicht auf der Strecke bleibt. Oder ich fahre sie zu noch einem Sportkurs, zur Musikstunde, weil das gesellschaftlich dazugehört. Doch vielleicht möchten die Kinder öfter in der Natur sitzen und gar nichts tun und dabei mehr lernen als in jedem Schulgebäude. Und was ist mit den elektronischen Medien, die Kinder süchtig machen, die sie total abbringen von ihren inneren Schätzen?

Meine zwölfjährige Tochter kann mitunter Engel se-
hen, sie sieht optisch Umrisse und kann sie detailliert
beschreiben. Zunächst hatte sie eine Heidenangst davor.
Ich habe sie bestärkt, wir haben gemeinsam mit den
Engeln geredet und heute fühlt sie sich immer innerlich
beschützt und geliebt. Mein neunjähriger Sohn kann die
Aura sehen – in Farbe. Für ihn ist das ganz normal. Auch
eine wundervolle Gabe. So kann er Menschen lesen, egal,
was sie sagen. Ihn wird schwer jemand täuschen kön-
nen und er wird zielsicher die Menschen anziehen, die er
für seine Lebensaufgabe braucht. Bisher haben wir über
diese Dinge nie öffentlich geredet. Aber ich denke, ich
werde mich von nun an wirklich mehr von meinen Kin-
dern führen lassen, mit ihren unschätzbaren Gaben und
Talenten und Gott vertrauen, dass man auch ohne ein
brillantes Zeugnis oder ohne den Sieg beim Reitturnier
den Weg Gottes finden wird.

6

Da sitze ich wieder und bin dem Himmel so nah. Ich freue mich und bin gespannt auf die nächste Botschaft. Doch zunächst kommt etwas anderes, eine Erinnerung. Flüchtig zuerst und dann ganz plastisch: Wir gehen Hand in Hand einen Hügel hinab. Die Stimmung ist eigentlich friedlich, doch irgendwie sonderbar, schön und melancholisch zugleich. Er führt mich zu einem Haus, die Treppe hoch. Wir gehen an einem Raum vorbei, die Tür ist offen. Darin sitzen seine Freunde um einen großen Tisch. Wir gehen an dem Raum vorbei in ein kleines Zimmer. Es ist hell, wir setzen uns auf den Boden. »Hier«, sagt er, »kannst du mich immer finden, immer! Nimm diesen Raum mit in dein Herz, denn hier wirst du mich treffen!« Ich erkenne diesen Raum schon eine ganze Zeit wieder. Er begleitet mich seit Monaten, doch die Zusammenhänge waren verloren. Heute bekommt dieser Raum des Herzens eine ganz neue, alte Bedeutung. Was bleibt, sind Schmerz und Freude gleichzeitig, Menschen können leider nicht fliegen!

~

Heike, heute habe ich mich noch stärker mit dir verbunden, damit du noch sensibler die Gedanken verstehst. Ich liebe die Menschen, die Tiere, die Pflanzen. Der Planet Erde ist einzigartig im Universum. Ein Atemzug Luft, ein Schluck klares, reines Wasser, ein köstlicher Apfel – das ist schon das Paradies. Die Gabe eurer Sinne – sehen, hören, riechen, schmecken, tasten, umarmen – das ist auch das Paradies. Eure Fähigkeit, zu denken, zu fühlen, zu lieben – auch das ist das Paradies. Lebt dieses Leben in vollen Zügen, seid euch der Schönheit und Einzigartigkeit jedes Augenblickes bewusst. Nehmt alles tief wahr. Nehmt euren Atem wahr, damit verbindet ihr euch mit dem Universum. Mit dem Atem nehmt ihr nicht nur Sauerstoff auf, sondern auch Schwingungen. Die Engel können euch so Energie übersenden und auch ich. Wir sind aus eurer Sicht da und auch nicht da, wir sind eher luftige Energie, wenn ich es mit euren Worten beschreiben soll.

Seht mit euren optischen Augen die Schönheit und Pracht der Natur, die üppigen Farben. Sie sind heilsamer als Medizin. Riecht und schmeckt intensiv. Lebt nicht am Leben vorbei. Jeder Augenblick zählt. Ihr braucht gar nicht die großen Dinge anzustreben. Zuschauen, zuhören, staunen, reichen mitunter. Glaubt mir, die Lichtwesen aus reiner Energie beneiden euch um eure Sinne und Sinnlichkeit. Euer Körper ist ein Heiligtum. Behandelt ihn gut. Gesundheit ist die göttliche Norm. Krankheit ist fast immer verursacht durch euch selbst. Die falsche Nahrung, immer mehr Gifte, unnatürliche Frequenzen, mit denen ihr die Atmosphäre belastet, und durch fehlgeleitete Gedanken. Gedanken schaffen Realität, Gedanken leben, sie sind real. Werden Gedanken immer wieder gedacht, schaffen sie Realität, sie manifestieren sich. Das kann gut oder schlecht sein. Reine, gute, glückliche Gedanken schaffen Reinheit, Gesundheit und Glück. Finstere, böse, hoffnungslose Gedanken schaffen Finsternis, Krankheit und Hoffnungslosigkeit. Angst schafft genau den Zustand, vor dem ihr Angst habt.

Wenn ihr sagt, ich habe Schmerzen, eine schlimme Krankheit, Depressionen, wie soll ich da gute Gedanken haben? Wenn ihr sagt, ich habe Krebs, bin gelähmt, habe meinen liebsten Menschen verloren, wie kann ich da meinen Atem genießen oder die Farben der Wiese? Dann sage ich euch, Glück und Heilung kommt von innen. Wer Gesundheit und Vollkommenheit denkt, wird Gesundheit und Vollkommenheit erhalten. Die Gene sind nur ein Plan, auch der kann durch Gedanken modifiziert werden. Betrachtet euch von meiner Ebene. Betrachtet euch von oben und betrachtet euch selbst von außen. Seid neutral. Wie denkt ihr, wie fühlt ihr, was tut ihr euch oder anderen an? Ihr seid heil und gut. Euer Kern ist göttlich, immer, und Gott liebt euch immer. Aber warum ist dann dieser Ballast nötig? Warum gibt es Argwohn, Neid, Misstrauen, Machtstreben, Gewalt? Gott hat euch die Wahl gelassen, Gott akzeptiert auch die Schattenseiten im Vertrauen, dass ihr sie überwinden werdet.

Jeder hat Talente, jeder hat Stärken. Schaut euch von außen an. Entdeckt euren göttlichen Kern unter all den Schichten und lebt eure Aufgabe. Nicht jeder hat die Lebensaufgabe, Visionär, Führer oder Lehrer zu sein. Aber jeder ist wichtig für das Ganze. Seht eure Aufgabe, richtet eure Energie darauf und lebt sie mit allen Sinnen. Dann werdet ihr erfüllt von Dankbarkeit und Liebe, dann werden eure Gedanken hell und frei. Und achtet bei allem auf den ersten Impuls eurer Gefühle. Sind eure Gefühle gut, wird auch euer Handeln gut sein. Ein Bäcker etwa, backt er mit gesunden, reinen Zutaten, legt er sein Herz in seine Tätigkeit, oder stellt er sein Brot gegen seine wirkliche Überzeugung aus verunreinigten, manipulierten Stoffen her? Dann werden zunächst seine Seele, dann seine Gedanken und schließlich sein Körper krank. Oder ein Landwirt, bestellt er seine Felder nach bestem Wissen und Gewissen oder nach Profit und Bequemlichkeit. Oder ein Arzt, sieht er den Menschen als Einheit von Körper, Seele und Geist oder nur das Krebsgeschwür oder die Versicherungskarte?

Handelt nicht, wie es euch vorgeschrieben wird, handelt nicht nach Richtlinien, sondern aus eurem göttlichen Bewusstsein. Seht euch, wie ich euch sehe. Und schlechte Gedanken werden aufhören zu existieren und damit auch ihre Folgen. Alles hat eine Ursache. Ein »aber ich tue doch gar nichts, warum trifft es mich?«, gibt es nicht. Ihr richtet die meiste Gewalt nicht gegen andere, sondern gegen euch selbst. Was denkt ihr und wie denkt ihr über euch? In einer Gedankenwolke aus reinem Licht und Liebe kann euch nichts geschehen. Liebe zieht Liebe an. Gesundheit zieht Gesundheit an. So einfach ist das und doch so schwer. Die Gedanken müssen wahrhaftig sein. Man darf sich nicht selbst etwas vormachen. Auch hier muss man eins mit seinen Gedanken sein. Man muss sich identifizieren, sie annehmen. Man darf nicht zweifeln, nicht skeptisch sein, denn das sind ja schon wieder entgegengesetzte Gedanken. Man muss sich auf seine Gedanken voll und ganz einlassen. Wie euren Atem genießt die Gedanken, denn sie sind wirklich.

Wenn ihr Kummer habt, euer Herz schwer ist, ihr einen Menschen verloren habt oder eure Arbeit, an allen Problemen oder Leid werdet ihr wachsen. Der Schmerz wird nachlassen, dann wendet ihn zur Dankbarkeit über das, was ihr erleben durftet. Bedenkt, es gibt keinen Tod der Seele. Nur euch fehlen die Sinnesorgane, die gar nicht Toten zu sehen, zu hören. Aber ihr könnt diese Sinne entwickeln. Auch das ist möglich, richtig, durch Gedanken. Allein durch das Denken werdet ihr heil an Körper, Seele und Geist. Und wenn immer mehr dieses Rezept anwenden, wird es eine Welle von positiven Gedanken geben und schließlich ganze Ozeane voll. Und noch immer mehr. Wo ist dann noch Platz für das Gegenteil? Dann habt ihr den Himmel auf Erden erschaffen, ohne Kampf, ohne Gewalt. Dann werdet ihr eure Basis, die Welt, mit Positivem fluten. Dann bleibt die Erde lebenswert und jedes Leben lebenswert. Dann seid ihr alle reine Energie und Liebe. Alles wird eins sein, das Jetzt wird zur Unendlichkeit. Der Plan ist aufgegangen. Es liegt in euren Händen, euren Herzen, euren Gedanken. So sei es!

7

Die Sieben ist magisch. In sieben Tagen hat Gott die Welt erschaffen, so ist es in der Bibel überliefert. Aber eigentlich hat der Schöpfer von allem, was ist, sieben Gedanken in das Nichts gesandt. Gott, mit seiner unermesslichen Weisheit hätte die sieben Gedanken bis zum Ende akribisch planen und festlegen können. Wie ein Schachspieler, der mit dem ersten Zug das Ende der Partie vorausdenken kann, Zug um Zug. Aber Gott wollte keine Figuren, keine Marionetten, deshalb hat er neben Geist und Bewusstsein den freien Willen geschenkt und so das Spiel unplanbar gemacht. Jeder Mensch, jedes Tier, jede Pflanze ist mit Gott verbunden und kann nie verloren gehen. Das Bewusstsein hat er dosiert und der Mensch hat gewissermaßen die größte Dosis bekommen. Er hat unendliches Vertrauen in die Menschheit gesetzt. Er vertraut, dass sie das Spiel spielen, bis es nur noch Gewinner gibt. Auch Gott gewinnt, denn dann ist die Einheit allen Bewusstseins wieder komplett. So sammelt der Schöpfer durch jeden Einzelnen Erfahrung. Jede Erfahrung, scheint sie auch noch so schrecklich, ist einfach eine Erfahrung. Er wertet nicht, er bereichert sich an jeder einzelnen Erfahrung. So sieht er geduldig und gespannt auf die Entwicklung des Lebens. Er ist Zuschauer und Sammler, der nicht in den Willen eingreift. Auch seine Engel und Meister sind nur Beobachter. Einzig der menschliche Wille kann sie aktivieren. Wenn es wirklich ein tiefer Wunsch ist, wird er helfend eingreifen. Also Gebete und reines Gottvertrauen helfen. Aber auch hier gibt es wieder einen Haken. Da Gott nur reine Liebe, reines Licht, reine Energie ist, wird ihn nach dem Prinzip der Resonanz auch nur reine Liebe, reines Licht und reine Energie erreichen. Will eine Seele also ganz mit und in Gott sein, muss sie in ihrem Kern leuchten. Dazu ist mitunter nur ein Funke nötig, der unter den vielen Schichten menschlicher Last aufblitzt. Aber, je reiner die Energie ist, desto schneller und intensiver ist die Nähe und die Einheit mit dem, was ihr Gott nennt. Also liegt es zunächst an euch, den richtigen Weg zu finden, von Station zu Station Ballast ab zu werfen, um dem Ziel, dem Licht, immer näher zu kommen. Und je näher ihr kommt, desto mehr Gleichgesinnte werden euren Weg teilen. Eure Kraft wird sich potenzieren, wieder andere mitziehen. Dafür sind mitunter viele Leben nötig. Auf der Erde könnt ihr agieren, nach dem physischen Tod reflektieren. Dann ist das Bewusstsein geschärft, der Blick klar. Hier erkennt ihr die Wegstrecke, die hinter, aber auch die, die noch vor euch liegt. Hier erkennt ihr auch verpasste Chancen, eure irdische Reise ohne Filter. Hier könnt ihr euch eure Taten und Untaten nicht schön reden. Hier müsst ihr euch selber stellen, ungeschminkt. Hier könnt ihr nicht vor euch selber davonlaufen. Aber, von hier aus könnt ihr die Zukunft, eure nächste Lebensreise, planen. Das wiederholt sich, bis ihr mit Gott vereint seid. Dann seid ihr in Gott und Gott in euch, dann seid ihr Gott. Gott bereichert, durch all die Erfahrungen der Menschheitsgeschichte.

Die Menschen, mit denen ihr verbunden seid, werden euch auch nach dem physischen Tod weiterbegleiten, solange ihr auf der gleichen Ebene agiert. Ist eure Entwicklung zu unterschiedlich, könnt ihr auf Erden aneinander wachsen, voneinander lernen, aber eure Wege werden sich danach trennen. Jenseits der Grenze sind die Gesetze der Resonanz viel stärker wirksam. Hier werden reine Gefühle, reine Liebe wieder zueinander finden. Also fürchtet euch nicht.

Eine richtende Macht gibt es nicht auf der anderen Seite. Das würde gegen den göttlichen Plan verstoßen. Ihr werdet euer eigener Richter sein und das ist mitunter schwer zu ertragen. Denn vor euch selber seid ihr nirgendwo in Sicherheit, euch selber entkommt ihr nicht, auch nicht im Tode. Das sollt ihr wissen. Wenn ihr im Einklang mit euch selbst seid, braucht ihr nichts zu befürchten. Wenn ihr eure Erfahrungen wertfrei akzeptieren könnt und euch aus ihnen weiterentwickelt, dann seid ihr dem Himmel schon ganz nah. Gott liebt jeden von euch, egal, was er tut oder nicht tut. Er sammelt Erfahrungen, wartet ab und bleibt immer, wirklich immer in Liebe. Wenn ihr irgendwann – und dauert es auch Leben um Leben – zufrieden und eins seid mich euch selber, dann seid ihr eins mit den Engeln, den Meistern, mit mir und dem großen Schöpfer.

Wenn ihr mich also erfahrt, mich spürt, wenn eure Gebete mich erreichen, wenn mein Segen euch erreicht, dann seid ihr schon in Resonanz, dann seid ihr schon so weit, dann lasst euch weiter fallen in meine Liebe.

So sei es!

~

Sieben Tage habe ich alles aufgeschrieben, wie Jesus es mir diktiert hat. Ich habe viel erfahren über die Bedeutung der Erde, die Rolle der Frauen und der Kinder, die Macht der Gedanken, das Leben nach dem Tod. Das machte mich neugierig auf mehr Informationen und so habe ich nachgefragt.

8

FRAGEN AN JESUS

Jesus, sind die Worte wirklich von dir oder entstammen sie aus meiner eigenen Phantasie?

Was glaubst du, könntest du wirklich in solch einer Geschwindigkeit so viel schreiben, ohne dass du vorher über die Worte nachgedacht hast?

Aber warum schreibe ich nicht in so schlauen Gleichnissen, wie du sie deinen Jüngern übermittelt hast?

Gestern war gestern und heute ist heute. Wenn ich zu den Menschen einst so gesprochen hätte, hätte ich meine Mission nicht vollenden können. In Metaphern haben mich die Menschen verstanden und sie waren unverfänglich. Heute ist eine solche Sprache eher unmodern. Ich spreche direkt, weil die Zeit direkt ist.

Aber Jesus, glaubst du nicht, dass du auch für die Moderne zu direkt bist. Glaubst du, die Kirchenführer wollen hören, dass Frauenpower nun gefragt ist und du das Zölibat auch nicht gerade gefordert hast?

Sicher wird es einen Wandel geben, die Kirche muss sich mitentwickeln, sonst bleibt sie auf der Strecke.

Aber Jesus, warum suchst du dir nicht die mächtigen Kirchenführer für deine Botschaften?

Weil sie geprägt sind in Dogmen, weil sie in ihrem eigenen Machtgefüge gefangen sind. Weil ihre Ämter sie verpflichten, wie sie zu denken haben. Aber gerade jetzt tut sich was an der Spitze. Viele Kanäle sind offen. Anstöße müssen zusätzlich und gerade von außen kommen. Die Kirche muss dann reagieren, will sie nicht zum Selbstzweck werden.

Warum können dich nicht alle Menschen wahrnehmen?

Könnten sie eigentlich, aber nur wenige hören zu, sehen hin, sind offen.

Du bist wieder mitten unter den Menschen, warum? Du könntest doch auch gelassen von außen betrachten, ob Gottes Plan aufgeht?

Ich war Mensch und habe das Leben geliebt. Jeden Schritt auf dem Planeten habe ich genossen. Die Erfahrung, leiblich zu sein, ist unbeschreiblich. Ich habe gelebt mit jeder Faser, ich habe alles ausgelebt. Das Leben war nicht nur Auftragserfüllung. Und deshalb bin ich euch so nah. Ich blicke von außen und gebe Anstöße, mehr kann ich nicht tun, mehr darf ich nicht tun. Hört meine Mahnung. Sprecht nicht immer von mir als einem historischen Superhelden. Hört mir jetzt zu. Früher war, aber heute zählt. Eure Existenz zählt, die leibliche, wie die geistige. Und gerade die geistige wiegt schwer, weil sie ewig ist und einfach nicht unvollendet bleiben darf.

Jesus, wenn es auf der Kippe steht, warum können die Engel und aufgestiegenen Meister nicht helfen?

Wie gesagt, wir sind nicht befugt, in den göttlichen Plan einzugreifen. Wir können nur Zeichen setzen. Auch meine Geburt war ein Zeichen. Und sie hat so viele verändert. So viele Menschen haben seither in meinem Namen für Glaube und Gerechtigkeit gekämpft, eine riesige Glaubensgemeinschaft ist entstanden. Aber heute gibt es einen Stillstand. Herunterbeten alter Litaneien reicht nicht. Die Menschen sind eher passive Zuhörer, die gesalbte Worte konsumieren, nach Hause gehen und nichts bewegen. Alle müssen nun gemeinsam ihre Welt und ihre Seelen heilen.

Aber warum gibt es Engel, wenn sie nicht eingreifen dürfen?

Oh, sie greifen ein. Sie sind Mittler zwischen Himmel und Erde. Aber sie dürfen nicht ohne Einverständnis der Menschen agieren. Denn, die Menschen haben ja den freien Willen auf ihrem Weg mitbekommen. Aber Gott hat ihnen himmlische Helfer zur Seite gestellt, die sie jederzeit anrufen können. Jeder kann das und jeder wird erhört. Die Engel lieben es, zu helfen. Das ist ihre Aufgabe und der Sinn ihres Daseins. Aber die Macht liegt bei den Menschen. Die Engel lieben auch die Natur, die Erde, das Wasser die Luft. Wenn sich Mensch und Engel verbinden, dann geschehen Wunder. Lasst sie zu. Ladet die Engel ein, denn sie schauen von oben, sie sind ungemein weise, weitsichtig und mächtig.

Ja Jesus, aber viele glauben nicht an Engel oder himmlische Meister oder überhaupt an das, was sie nicht mit ihren Sinnen wahrnehmen können.

Mit der neuen Energie, die sich auf der Erde ausbreitet, werden immer mehr Menschen übersinnlich und sie werden sozusagen zunächst dolmetschen zwischen Diesseits und Jenseits. Sie werden diese Gaben nutzen für die Gemeinschaft. Die Gabe ist Verpflichtung, sie heilbringend einzusetzen. Dazu gehört auch ungeheurer Mut. Belächelt zu werden ist noch das kleinste Übel. Diejenigen, die die Stimmen schon hören, sollen sich Gehör verschaffen. Ihre Worte sollen in die Welt hinaus. Auch unbequeme Worte, wie Warnungen gegen das, was ihr Fortschritt nennt. Aber euer Fortschritt ist zunehmend ein Rückschritt oder ein Fortschritt in den Untergang. Lenkt eure Erkenntnisse in die richtige Richtung und ehrt, was Gott euch geschenkt hat. Die kleine Biene, die kleinste Bakterie hat einen Sinn im Spiel. Hört auf die Engel und hört auf die, die Engel hören.

Aber, es wäre doch viel einfacher, wenn alle Engel oder himmlische Wesen verstehen könnten?

Ihr werdet es alle können. Die Übersinne müssen sich entwickeln. Das läuft nicht konform. Jeder ist anders und jeder hat das Recht, anders zu sein. Ihr schreitet im individuellen Tempo voran. Aber die kosmische Schwingung verändert sich stetig und macht es leichter, dem Himmel nah zu sein. Innenschau, Gottvertrauen und ein reines Herz mit reinen Absichten, mehr braucht es nicht.

Jesus, jeden Sonntag gibt es Messen, Prozessionen werden gefeiert. Kannst du überall dabei sein. Ist es das, was dein Herz erfreut?

Oh ja, ich bin überall, wo Schwingungen meine Frequenz erreichen. Wenn mich Herzen rufen, bin ich da. Das ist für euch unvorstellbar, aber meine Energie kann gleichzeitig an vielen Orten sein. Meine Energie ist nicht begrenzt. Mein Geist kennt keine Einschränkungen. Ich liebe es, wenn so viele Energien im Gleichklang schwingen. Ich liebe es, dass sich so viele zu meinem Gedenken versammeln. Ja, es erfreut mein Herz und ich sende viel Liebe unter die Menschen. Aber nur Worte sind nicht mehr genug. Wandelt die Worte endlich in Taten und ihr werdet über den Horizont hinaus sehen. Schreitet voran, sitzt nicht rum und lasst euch berieseln und einlullen von festlichem Gehabe.

Für mich macht die Kirche etwas zu viel Tamtam, Lobgesänge, Rituale. Soll, muss das so sein?

Rituale sind nichts Schlechtes. Sie verbinden und halten die Erinnerung wach. Aber heute besteht die Gefahr, dass ein Zuviel eher abschreckt. Wenn ihr an mich denkt, an mich glaubt, mich in eurem Herzen spürt, das reicht. Die Resonanz ist die gleiche. Eure Seele, die mit meiner Seelenenergie schwingt, kann Ozeane bewegen. Jeder kann mich auf seine Weise erreichen. Ich bin da, strecke die Hand aus. Dazu bedarf es nichts als reine Liebe.

Du bist Gottes einziger Sohn, so steht es in der Bibel. Was aber ist mit Allah, Buddha und so weiter?

Die Menschen brauchen Greifbares. Sie können sich allein Energie nicht vorstellen. Ich bin tatsächlich aus dem Schöpfer, von allem, was ist, aber ihr seid es auch. Jeder ist Sohn oder Tochter Gottes. Jeden liebt Gott. Nur einige hatten und haben sozusagen einen Spezialauftrag.

Um für mich zu sprechen, ich hatte andere Sinneswahrnehmungen, andere Antennen. Ich konnte auch als Mensch stets hinter den Schleier blicken, das göttliche Bewusstsein mit in die Welt tragen, mich erinnern an Gottes Willen. Für mich waren Himmel und Erde nie getrennt. Ich hatte eine direkte Verbindung, war auch nie getrennt von Gott. Ich wusste um meine Aufgabe, er hat mir seine Worte in den Mund gelegt, mich stellvertretend seine Taten ausführen lassen. Ich bin und war freiwillig sein Werkzeug. Und so waren und sind es andere auch. Sie alle dienen auf ihre Art und zu ihrer Zeit der heiligen Sache.

Es gibt immer mehr Naturkatastrophen, die Not und Elend bringen. Warum lässt Gott das zu? Warum greift er nicht ein?

Das würde gegen den Plan verstoßen. Der freie Wille ist ein Geschenk, birgt aber auch Risiken. Der Mensch ist gefordert, nicht Gott. Der Mensch muss sich mit der Erde, der Natur, in Harmonie begeben. Er kann die Natur nicht bezwingen. Er kann sich aber mit ihr verbinden, Resonanz finden. Ist das Gleichgewicht allerdings gestört, wird die Disharmonie größer und größer. Nicht das Wasser ist schuld, nicht der Sturm oder die Hitze. Der Mensch ist es. Warum versteht ihr die Zeichen nicht? Eine kleine Verschiebung führt zu einer Kettenreaktion. Noch ist alles reparierbar. Aber, wenn es kippt, ist die Erde für die vielen Menschen verloren und damit auch für all die Seelen, die nicht alle Leben gelebt haben. Gott hilft, wenn die Menschen aufrichtig bitten. Doch er hilft anders, als ihr es erwartet. Er pfeift nicht die Naturgewalten zurück, reinigt keine Meere. Er gibt allenfalls Erkenntnisse, ein tiefes Wissen über den richtigen Weg. Aber gehen müsst ihr ihn dann allein. Und ihr müsst es auch tun. Nur beten und auf Wunder warten, war nie Gottes Absicht. Wunder müsst ihr selber geschehen lassen. Ich hoffe, dass viele um Erleuchtung bitten. Es braucht viele, um das Ruder herumzureißen. Ich helfe allen, die genau das anstreben. Ich bin Dolmetscher zwischen Dies- und Jenseits. Ich finde die Herzen, die aufrichtig rufen.

Gibt es nur einen Gott oder gibt es in dem riesigen Universum mehrere, wie Allah und so?

Gott ist einmalig. Er ist der Schöpfer von allem, was ist. Wie ihr ihn nennt, ist eure Sache. Wie ihr ihm dient, mit ihm kommuniziert, auch. Solange ihr Gutes in seinem Namen tut, ist der Name selbst gleichgültig. Er ist die reinste Energie des Universums. Mit euren Sinnen nicht zu begreifen. Auch Tote, im Übrigen, sehen Gott nicht plötzlich vor sich. Nur Erleuchtete gehen in seine Energie ein, verschmelzen mit ihm. Auch ihr seid aber nicht wirklich getrennt von ihm. Er ist der Schöpfer von allem, was ist und er ist alles, was ist. Also seid ihr auch von göttlichem Ursprung, eine Frucht Gottes, und somit göttlich. Das Bewusstsein dieser Einheit müsst ihr euch erst erarbeiten oder besser erlieben. Solange empfindet ihr euch als wenig göttliches Individuum. Wie ein Wassertropfen, der von der Quelle über Bäche, Stromschnellen, Wasserfälle, Seen, reißende Flüsse muss, bestreitet ihr euer Leben, bis ihr im großen Ozean mit Gott eins werdet, mit ihm verschmelzt. Ihr werdet zum Ozean streben und auf dem langen Weg dorthin nicht einfach treiben, sondern überall eure Spuren hinterlassen. Spuren letztlich von Fruchtbarkeit und Liebe, von Freude und Licht. Dann werdet ihr zur Einheit mit Raum und Zeit und zur Einheit mit Gott. Wenn ihr Spuren der Verwüstung hinterlasst, Gewalt und Kriege an Menschen oder der Natur entfacht, lässt Gott auch das zu. Ihr könnt selber entscheiden. Dann geht ihr Um- und Irrwege auf dem Weg zu ihm. Eure tiefsten Gefühle werden euch nicht betrügen. Nennt Gott, wie es euch überliefert wurde. Folgt aber eurem Gewissen, nicht Traditionen oder religiösen Regeln, die man euch anerzieht. Reinheit zieht Reinheit an.

Wie ist es, wenn man tot ist?

Es gibt keinen Tod. Ihr werdet den Tod, wie ihr ihn nennt, vielleicht gar nicht sofort realisieren. Euer Bewusstsein stirbt nie. Euer Körper ist weg und doch nicht. Ihr erkennt euch, obwohl euer Körper nicht mehr aus

Materie besteht. Ihr seht euch, und so, wie ihr gesehen werden wollt, werdet ihr gesehen. Ihr nehmt das Aussehen an, das ihr euch vorstellt. Alles entsteht aus reinem Willen. Ihr steuert Gestalt und Taten dann ausschließlich über den Geist. Ihr redet auch wortlos über den Geist. Wie ihr euch fühlt, hängt von eurem irdischen Leben ab. Entweder findet ihr tiefen Frieden, ein tiefes Glücksgefühl, weil ihr eurer göttlichen Natur schon so nah seid. Oder ihr fühlt ein Getrenntsein, das schmerzlicher ist, als körperlicher Schmerz. Am Ende könnt ihr euch auch hier entscheiden, ob ihr bereit seid für einen Weg auf Gott zu oder eben noch nicht. Viele werdet ihr im Jenseits treffen. Hier werdet ihr auf der Stufe stehen, die ihr schon erklommen habt. Ihr werdet Gleichgesinnte finden und die Engel sind euch jetzt näher. Sie kommunizieren jetzt direkt. Sie reichen euch die Hand, aber ihr müsst sie auch ergreifen. Vielleicht habt ihr mit dem Tod auch die letzte Stufe erreicht. Ihr werdet zu aufgestiegenen Seelen, zu reiner Erfüllung und reiner Liebe. Ihr seid Gott und fühlt euch göttlich.

Jesus, bist du nicht manchmal »neidisch«, dass du nicht in diesem Zeitalter geboren wurdest. Ich meine, wir haben Heizung, elektrisches Licht, Autos, Computer?

Ich war zur richtigen Zeit am richtigen Ort. Damals brauchten die Menschen mich. Die Systeme waren autoritär und die geistige Entwicklung stand still. Viele waren orientierungslos, erfassten nicht den Sinn des Lebens und des Sterbens. Es drohte ein seelisches Chaos. Ich habe ein Zeichen gesetzt, bin vorausgegangen nach dem Willen Gottes. Ich habe niemanden gezwungen oder genötigt. Ich habe Alternativen vorgelebt. So viele sind gefolgt, so viele haben Halt gefunden und einen Lebenssinn. Das ist immer noch so. Aber Glaube allein reicht heute nicht mehr, Handeln ist gefragt.

Euren Fortschritt beurteile ich gemischt. Habt ihr bis zum Ende alles bedacht? Mit dem Fortschritt lauft ihr Gefahr, dass ihr den Weg zum Himmel verliert. Euer Leben wird bestimmt von künstlicher Kommunikation. Die Zellen verlieren ihre Fähigkeit zur Telepathie. Auch im Körper gibt es Telepathie, wie im Jenseits. Ohne, dass euer Bewusstsein es überhaupt merkt, »unterhalten« sich die Zellen telepathisch. Sind andere Frequenzen überlagert, ist der innerkörperliche Informationsfluss gestört. Einzelne Zellen oder Zellverbände fühlen sich abgekoppelt, wissen nicht mehr, wohin sie gehören und worin ihre Aufgabe besteht. Besinnt euch im wahrsten Sinne des Wortes. Eure bewussten und unbewussten Sinne sind überlebenswichtig. Schaltet ab und schaltet eure Sinne und Körperkommunikationsquellen wieder ein. Denn nur so könnt ihr uns auf der anderen Seite wahrnehmen und erreichen. Alles sind Wellen und Schwingungen. Verliert die göttlichen Schwingungen nicht in eurem technischen Wellensalat.

Nun mal konkret, was sollen die Menschen tun, wie sollen sie die Welt retten?

Zunächst mal sollten sie nichts tun. Sie sollten in sich gehen, in sich sehen, in sich hören, in sich fühlen. Jeder hat eine bestimmte Lebensaufgabe. Die Meisten leben an ihr vorbei. Sucht sie und ihr werdet sie tief in euch finden. Gebt euch Zeit, sucht nicht krampfhaft, ladet sie ein und lasst sie auf euch zukommen. Da helfen keine Priester oder Gelehrte. Hier ist jeder selbst gefragt, seinen Part zu finden. Und dann ist es ganz einfach. Dann wisst ihr, was zu tun ist. Dann müsst ihr es nur noch machen. So wird der eine vielleicht zu den Menschen predigen, sie wachrütteln, ein anderer wird gegen die Verschmutzungen der Meere angehen, oder ein Kind aufnehmen, heilen oder umweltschonende Technologien entwickeln. Denke, Heike, wie es bei dir war. Plötzlich hast du dein Leben umgekrempelt, andere Ziele angesteuert. Und es ist segensreich. Du musst noch viel mehr an deine Möglichkeiten glauben und du wirst erfahren: Alles ist möglich! Ich bin bei dir und bei allen, die sich mit ihren Herzen für etwas einsetzen. Dabei muss auch nicht jeder gleich die Welt aus den Angeln heben, Millionen Menschen mitreißen oder ein Vermögen spenden. Das ist individuell. Wenn Jemand seinem Nachbarn aus der Not hilft, ist das genauso wertvoll wie die Erstellung eines Flüchtlingslagers. Jeder nach seinen Möglichkeiten, nach seinem Plan.

Ich fühle mich, ehrlich gesagt, manchmal etwas unter Druck. Wenn ich nicht jeden Tag schreibe, habe ich das Gefühl, du bist sauer?

Sauer? So etwas kenne ich nicht. Aber der Auftrag ist wichtig. Ich weiß, du bist gefordert, doch das hier ist deine Pflicht, die über das Persönliche hinausgeht. Merkt ihr nicht, wie sich die Natur verändert? Ihr seht die Wasserfluten und denkt über Geld nach. Ihr baut Schutzwälle. Merkt ihr nicht, wie kurzsichtig ihr seid? Ihr müsst weiterdenken, ihr müsst zurückrudern. Ihr sollt euch nicht den Kopf zerbrechen, wie ihr die Natur bändigt, sondern selbstkritisch die Ursachen der neuen Naturgewalten betrachten. Seht das Ganze, seht den gesamten Planeten. Werdet bescheidener, geht anders mit den Ressourcen um, habt mehr Respekt vor der Umwelt. Auch hier geht es eigentlich wieder nur um Liebe. Wenn ihr eure Erde liebt, wie euch selbst, wenn ihr realisiert, dass ihr eins seid mit ihr, werdet ihr anders handeln, dann kommt wieder alles ins Gleichgewicht. Nicht Gott schickt Unwetter, ihr tut es selbst. Das Bewusstsein muss bei dem einzelnen beginnen und dann zu kollektivem Bewusstsein werden. Das Wissen über Alternativen ist da, ihr müsst es nur anzapfen. Tut es bald. Sonst seid ihr heimatlos. Gefangen in eurer eigenen Unvollendetheit.

Warum drängst du so, warum machst du dir solche Sor-
gen, du bist doch schon eins mit Gott, du hast deine Se-
ligkeit doch längst erreicht?

Die ewige Seligkeit ist erst wahrhaftig, wenn der Plan
vollendet ist. Wenn es kein Außen und kein Innen mehr
gibt. Wenn alles, was ist, eine Einheit ist, alles pure Harmonie ist. Solange ist Gott nicht komplett. Der Einzelne
wird zu Allem. Alles wird zu Einem, bis in alle Ewigkeit.
So soll es sein.

Ja aber, warum hat Gott dann erst sozusagen Teile von
sich abgespalten, sich als eigenständige Menschen entwi-
ckeln lassen, wenn die Einheit doch letztlich das Ziel ist?

Auch Gott ist auf Wachstum aus, geistiges Wachstum.
Aber es gab nichts außer ihm. Er hatte keine Möglichkeit des Austausches. Nichts war anders als er. Alles war
eins, war homogen. Die einzige Möglichkeit, Erfahrungen zu sammeln, die außerhalb dieser allumfassenden
Energie war, war Gleiches in einer anderen Form entstehen zu lassen. Das Gleiche konnte aber nicht wirklich
gleich sein, sonst hätte sich kein Zuwachs an Erfahrung
entwickeln können. So gab Gott den Menschen ein Bewusstsein. So wurde das Spiel interessant, weil unvor-
hersehbar. Selbst für einen Schachspieler wie die göttliche Energie bleibt der Ausgang offen. Das Ziel steht
fest: Die Einheit in einer unvorstellbar weiterentwickel-

ten, bereicherten Form. Die Erfahrungen der einzelnen Seelen auf ihren langen Reisen werden eins und somit ungemein reich und machtvoll sein.

Und Jesus, wie ist Gott entstanden?

Gott ist nicht entstanden. Er war ewig und wird ewig sein. Das ist für menschliche Sinne nicht vorstellbar und daher auch nicht erklärbar. Wer einen Blick aus einer abgehobenen Dimension erreicht, hat eine Ahnung von der Unendlichkeit. Aus der Vogelperspektive kann man einen viel größeren Handlungs- und Zeitraum erfahren. Aber auch das zeigt wieder Grenzen. Erst, wenn man mit allem was ist, vereint ist, sind diese Grenzen aufgehoben. Auch das Universum ist für Menschen nicht vorstellbar. Das Universum und das Universum hinter dem Universum ist in Wahrheit eine grenzenlos zusammenhängende Energie. Sie ist unendlich groß und unendlich klein zugleich. Aber das ist nicht so wichtig. Wichtig ist, dass man in Wirklichkeit nicht Individuum, sondern Teil des Ganzen ist und, dass man das auch begreift. Alle helfen Gott, Gott zu sein, weil sie Gott sind.

Man hört, dass du in eine andere Dimension gewechselt seiest und dich Sanander nennst, wie soll ich dich nennen?

Nenn mich Jesus, so hast du mich immer genannt, so nenne mich weiter. Du bist auch durch den Klang des

Namens mit mir verbunden, denn deine Seele erinnert sich sofort. Ich bin nicht in einer anderen Dimension, die gibt es gar nicht. Was bedeutet Dimension? Dimension bedeutet weder Trennung noch das Gegenteil. Alles entwickelt sich nicht aus- sondern zueinander. Ich bin heute mit meinem Bewusstsein wieder sehr nah bei euch. Mich können jetzt immer mehr erreichen. Und, wie du weißt, meine Botschaften sind dringend. Sanander nennen mich Wesen auf der anderen Seite. Der Name ist abgekoppelt von euren religiösen Wurzeln und Überlieferungen und so von vielen Energien leichter anzunehmen. Ich selber mag Jesus. Ich habe das Leben auf Erden geliebt und ich liebe auch meinen weltlichen Namen, der bis heute lebt und nicht vergessen ist. Sanander war ich immer und werde ich immer bleiben. Aber Jesus war einmal und ist wahr und ist bedeutend.

Jesus, ich habe einen persönlichen Wunsch. Kannst du mir eine Heilmethode schenken, die Wunder vollbringen kann?

Ja, tu einfach das, was du schon tust. Aber tu es immer, bei jedem Menschen, der kommt. Wenn du deine Hände einsetzt, sind sie lediglich Katalysatoren. Nur dein Herz kann heilen. Du rufst mich bei deinen Heilungen. Und ich bin immer da. Du spürst mich doch. Wenn du deine Hand nach mir ausstreckst, um meine Energie zu fühlen, ist das auch nur ein Hilfsmittel. In Wirklichkeit geht meine Energie direkt in dein Herz. Und wenn du mich da spürst, ist deine Energie unbegrenzt. Du kannst deine Hand als Kanal nutzen. Denke dabei nie an die Krankheit, denk einfach an die Norm, die Vollkommenheit. Versuche nicht, wie ein Chirurg ein Krebsgeschwür geistig heraus zu schneiden. Lass die Energie wirken und das Kranke wird gesund. Vertraue mir. Es ist besser, nicht zu denken, als mit Gedanken etwas erzwingen zu wollen. Gedanken sind machtvoll, aber nur in Kombination mit dem Herzen. Vertraue und tu es mit Liebe. Dann ist deine Energie göttlich und wird den göttlichen Zustand wieder entstehen lassen. Schau, was passiert, sei in deinem Herzen und warte ab. Ich weiß, das magst du nicht. Du würdest am liebsten Krankheiten mit Gewalt herauszwingen. Aber ich sende kosmische Schwingungen, die die göttliche Harmonie wiederherstellen. So geschieht Heilung auch immer nach seiner und nicht nach deiner Zeit. Verschiedene Heiler haben verschiedene Methoden und Helfer. Du vertraust mir und manchmal doch wieder nicht. Ich bin da, glaube mir. Und wo es so sein soll, wenn es die göttliche Bestimmung und die Bestimmung des kranken Menschen ist, wird Heilung geschehen. Bitte darum, fühle meine Heilenergie, lass sie durch dich hindurch in den anderen wandern und lehne dich zurück. Freue dich.

Jesus, wozu brauchst du einen Kanal. Du könntest auch ohne Medium jedem helfen, der dich darum bittet?

Ja und nein. Es gibt zu wenig Menschen, die so eng und telepathisch mit mir kommunizieren. Sie beten, aber bleiben passiv, wählen sozusagen nicht die richtige Nummer. Ich konnte nur in meiner kurzen Zeit als Mensch direkt Einfluss nehmen. Benutzen immer mehr Menschen die telepathische Energie, direkt Kontakt mit mir aufzunehmen, bedarf es keiner Vermittler mehr. Aber so weit ist die Schwingung bei den meisten noch nicht. Sie sind noch nicht offen für den direkten Draht gen Himmel und zurück.

Und noch eine persönliche Frage. Warum hilfst du mir, warum bist du immer da. Ich fühle mich so durchschnittlich. Ich bin weder richtig hellsichtig, noch ein Mensch, der den ganzen Tag meditiert oder gute Werke tut. Ich bin stinknormal.

Du bist einzigartig, wie jeder einzigartig ist. Du wirst dich erinnern. Wir sind uns nicht fremd, wir standen uns immer schon nah. Du warst mit mir, als ich lebte und starb. Erinnere dich an den Staub auf deinen Füßen, an Hitze an Feuer, an Gerüche, an Empfindungen.

Aber im Ernst, ich kann kein bisschen hebräisch, die Sprache und Sitten sind mir total fremd. Und überhaupt, warum erinnert man sich nicht an frühere Leben? So kann man doch all das erworbene Wissen gar nicht mitnehmen. Und, warum bin ich nicht bei dir im Himmel?

Man nimmt in ein nächstes Leben mit, was wirklich von Bedeutung ist. Es gibt eine Weisheit, die hin zur Vollkommenheit führt. Das hat aber nichts mit erlernten Fertigkeiten zu tun, sondern mit erlebten Erfahrungen. Mit der Entwicklung von dem, was ihr Charakter oder Persönlichkeit nennt. Ein Mörder fühlt und wertet anders als ein Retter. Alle Erfahrungen habt ihr selbst schon gemacht. Ihr habt bereut und seid gewachsen. Und ihr habt euch entschlossen, euren Weg weiter zu gehen. Könntet ihr euch an alles erinnern, wäre das zu viel, zu belastend. Es würde euer Leben überfordern. Was erlebt ist, ist erlebt und verarbeitet. Es hat euch zu dem gemacht, was ihr seid. Ihr denkt, ein Baby fängt bei Null an. Das stimmt aber nicht. Ein Baby kann eine sehr alte, weise Seele haben und trotzdem neugierig sein auf das neue Leben, offen sein für das neue Leben. Alles Wissen, was ihr gesammelt habt, bleibt als universelles Wissen erhalten. Es ist jederzeit anzapfbar, wenn ihr offen seid. Und was dich angeht, du bist noch nicht im Himmel, weil dein Weg noch nicht vollendet ist. Du bist ein Mittler, auch wenn es dir noch nicht bewusst ist. Dein Vertrauen wird wachsen. Und du wirst mir nah sein, obwohl du noch auf der anderen Seite stehst. Deshalb bist du da.

Du bist zu deinen Lebzeiten vielen Menschen begegnet, die glühende Anhänger waren. Auch heute noch verehren dich so viele und beten dich an. Wie kannst du allen gerecht werden?

Ich bin hier, ich bin da und überall gleichzeitig. Meine Liebe ist unerschöpflich. Ich kann sie teilen mit allen, die sie wollen. Besitzansprüche sind rein menschlich. Alle, die mich erreichen und die ich erreiche, sind ein Teil von mir. Irgendwann werden auch sie verschmelzen mit dem Schöpfer, wie ein Ozean. Jeder Tropfen ist unendlich wichtig und absolut gleichwertig. Werdet zu Tropfen, die in Gott aufgefangen werden.

9

Da Jesus aber möglichst viele Menschen mit seinen neu-en Botschaften erreichen möchte, habe ich um eine Art Handbuch gebeten, wie man die richtige Schwingung erreichen kann, um in Resonanz mit Jesus zu kommen. Telepathie auf Rezept sozusagen.

~

Ich werde euch nun Anleitungen geben, wie mich eure Seelen erreichen können. Je mehr sich wahrhaftig auf mich einlassen, desto nachhaltiger kann mein Wirken sein. Sieben Lektionen nimmt der intensive Austausch mit mir in Anspruch. Sieben intensive Erfahrungen, die euch verändern werden. Lasst euch ein auf das Aben-teuer mit mir und werdet zu meinen neuen Begleitern.

LEKTION 1

Betrachtet euch im Spiegel. Was seht ihr? Schaut, wie schön ihr seid. Seht genau hin, nehmt alles genau wahr. Jedes Detail. Seid nicht kritisch, seid neutral. Dann werdet ihr begeistert von euch sein. Wie wunderbar ist euer Körper, eure Haut, eure Hände, eure Augen. Bleibt bei den Augen. Blickt tief, noch tiefer, bis in eure Seele. Lasst euch Zeit, fünf Minuten oder zehn. Schaut nur in eure Augen und dann versinkt in ihnen. Alles liegt in euren Augen, entdeckt eure Seele dahinter. Schaut solange hin, bis ihr etwas wahrnehmt und dann genießt dieses Weitsehen, dieses Verstehen. Dann weitet den Blick, studiert euer Gesicht, seht die Geschichten in eurem Gesicht. Verändert die Mimik, geht den feinen Fältchen nach. Sie erzählen von wunderbaren Erfahrungen. Ist euch euer Spiegelbild unangenehm? Lernt es kennen und lieben. Haltet inne an dem Punkt zwischen den Augen. Konzentriert euch. Welche Bilder entwickeln sich hinter diesem Punkt? Sie werden kommen, haltet die Aufmerksamkeit genau auf diesen magischen Punkt. Geht dann weiter den Hals hinunter, verweilt am Hals. Wie fühlt sich das an, eng oder weit und frei? Spürt über den Blick in den Hals hinein. Ihr habt die Freiheit, euch auszudrücken. Spürt den Atem, die Verbindung mit allem, spürt, wie der Atem den Hals öffnet und euch frei macht von Zwängen. Lasst euren Blick weiter schweifen über eure Brust, euren Bauch. Und auch hier seht irgendwann durch euch hindurch. Schaut euer Herz, eure Lunge, eure Leber, eure Nieren an. Konzentriert euch auf ein Organ. Schaut auf die Brust, fixiert die Stelle über dem Herzen mit euren Augen, dem Punkt zwischen euren Augen und euren Gedanken. Wie sieht euer Herz aus? Nehmt ihr eine Farbe wahr, schlägt es kräftig, ist es vital, strahlt es Energie aus oder wirkt es müde? Und dann geht tiefer. Seht ihr die Kammern, die Klappen, die Nervenfasern? Seht, wie das Blut pulsiert. Läuft der Motor rund oder quält er sich, leuchten die Fasern oder sind sie dunkel? Geht noch tiefer, fühlt noch tiefer. Vielleicht könnt ihr den geheimen Raum in eurem Herzen schon entdecken oder erst das nächste Mal. Den heiligen Raum in eurem Herzen, wo ihr Gott findet, wo ihr eure Seele trefft.

Fahrt so fort mit allen Organen, die euch in den Sinn kommen. Ihr braucht dazu keine anatomische Ausbildung. Nehmt wahr, was unter der Haut liegt. Spürt sehend und seht spürend. Wandert auch an eurem Rücken entlang. Betrachtet die Wirbelsäule, jeden einzelnen Wirbel. Sind sie nicht schön? Gibt es eine Stelle, die anders ist? Ist ein Wirbel nicht in der Reihe, ist eine Bandscheibe anders? Eure Nieren. Dringt in sie hinein.

Sie reinigen euch. Schaut, wie sie das machen, wie sie filtern, ohne Wertung. So entdeckt nach und nach euren Körper. Wandert in Gedanken in eure Arme und Beine. Nehmt die Muskeln wahr, die Blutgefäße. Sie tauschen aus, ganz selbstlos. Auch in die Nerven kann man schauen, seht ihr die Blitze, die Informationen befördern?

Dann betrachtet noch einmal eure Augen. Jetzt seht gedanklich in euer Gehirn. Auch hier gibt es geheimnisvolle Kammern, seht ihr ein Leuchten oder dunkle Wolken? Blickt noch tiefer bis in eure Zellen. Ihr braucht nicht zu wissen, wie sie anatomisch genau aussehen. Macht euch euer eigenes Bild. Welche Farben haben sie, teilen sie sich? Wie sehen sie innen aus? Schaut und lernt euch genau kennen. Ihr werdet staunen, wie wunderbar euer Körper ist, wie göttlich. Mit etwas Übung werdet ihr merken, ob es irgendwo einen Mangel gibt oder ein Zuviel. Und dann räumt auf. Fragt euren Körper, was er braucht und stellt um, was nicht in Ordnung scheint. Schafft euch mit Gedanken die perfekte innere Harmonie. Ich erstelle keine Rezepte, das müsst ihr selbst tun. Innerlich wie äußerlich. Gott hat euch einen perfekten Körper geschenkt und alles, was er braucht. Geht göttlich mit diesem Geschenk um. Pflegt ihr ihn, stärkt ihr ihn, fügt ihr ihm Gifte zu oder die Nahrung, die perfekt für ihn ist? Beginnt heute. Hört auf euren Körper und euren Instinkt und handelt danach. Ab sofort: Hinterfragt, seid sorgsam, seid eine Einheit. Was wollen eure Augen sehen, was wollen eure Ohren hören, was will eure Nase riechen, was will euer Mund essen, was will eure Lunge atmen, was will euer Darm verdauen, was will euer Blut in jede Zelle befördern, was können eure Leber, eure Nieren reinigen, was will dein Herz befördern? Frag deinen Körper zum Beispiel nach deinen Pflegeprodukten. Wie nimmt deine Haut sie auf, wehrt sie sich vielleicht gegen Zusatzstoffe oder fühlst du dich wohl in deiner Haut? Und was ist unter der Haut? Geh wieder tiefer, vielleicht in die Leber. Muss sie Gifte verarbeiten, die deine Haut vorher aufgenommen hat? Deine Gelenke, siehst du Ablagerungen, weil du dem Organismus zu viel zumutest?

Dieser erste Tag ist ungemein schwierig. Er bedarf viel Zeit, Geduld und Selbstvertrauen. Wenn ihr euch darauf einlasst, werdet ihr eine ganz neue Harmonie fühlen zwischen innen und außen. Das Zuhause der Seele muss harmonisch sein, damit sie wachsen kann.

Ich segne euch!

~

Ich habe diese erste Lektion probiert, obwohl sich mir zunächst der Sinn nicht erschlossen hatte. Diese Lektion hat es in sich. Zum einen ist es schon schwierig, sich selbst unkritisch intensiv zu betrachten und dann auch noch zu lieben. Doch nach Einlassen auf die Aufgabe bekommt man ungeahnte Einblicke, man entwickelt tatsächlich mit viel Übung so etwas wie einen Röntgenblick. Und dann nimmt man auch den Körper wahr, als das, was er ist, ein wirkliches Wunder. Und dann kann man diesem Wunder auch nicht mehr gleichgültig gegenüberstehen, man kann ihn nicht als selbstverständlich ansehen und ihm wissentlich oder unwissentlich Schaden zufügen. Wenn man wirklich eins ist mit seinem Körper, sich in die kleinste Zelle hineinfühlen kann, weiß man auch instinktiv, was dem Körper guttut und was ihn quält. Mag die Haut die Seife, mögen die Lippen den Lippenstift, vertragen deine Schleimhäute das Spülmittel?

Wenn ich meinen Patienten rate, Biokost zu essen, Bioprodukte für die Körperpflege, Biowaschmittel, Biospülmittel, Bioputzmittel zu benutzen, Elektrosmog und Sport zu vermeiden, sind das Dinge, die die wenigsten dann auch in die Tat umsetzen. Wenn man sich jedoch in seinen Körper hineinversetzt, kann man gar nicht anders, als auf ihn zu hören. Gott hat den Menschen nicht grundlos einen perfekten Körper geschenkt. Wenn wir ihn aber achtlos und falsch behandeln, entstehen Krankheiten und Schmerzen. Dann sind wir in unserem eigenen Leid gefangen und können uns den eigentlichen Aufgaben, dem Wachstum von Geist und Seele, nicht uneingeschränkt widmen.

Ich habe mich auf diese erste Lektion mit allen Sinnen eingelassen und habe ein sehr intensives Körpergefühl gewonnen. Mit Training wird die Zeit, die man benötigt, immer kürzer, man erfasst die Organe später im Bruchteil einer Sekunde, man erkennt einen zu niedrigen oder überschießenden Energiepegel. Man spürt den Sinn einer *ausgewogenen Ernährung im wahrsten Sinne des Wortes am eigenen Leib. Selbstgesteuert und selbstbestimmt. Ich glaube fest, dass man so mit der Zeit selbst in der Lage ist, eine Schieflage wieder ins Lot zu bringen, sich selbst zu heilen. Und dann auch andere.*

LEKTION 2

Schau dir wieder in die Augen. Tiefer, noch tiefer. Diesmal schau bis zum Grunde deiner Seele. Lass dir Zeit. Schau und fühle. Hast du dich zunächst um deinen Körper gekümmert, ist jetzt der Kern, die Seele, an der Reihe. Sie ist ewig und weiser, als du vermutest. Ihre Reise dauert schon sehr lange und sie ist noch nicht am Ziel. Ebne ihr den Weg. Dein Bewusstsein ist Antrieb für die weitere Entwicklung deiner Seele. Deshalb bist du ja hier. Versuche, mit deiner Seele einen bewussten Kontakt herzustellen. Das ist leicht und doch so schwierig. Ihr seid ja gerade vereint, solange ihr diesen Körper bewohnt. Und doch ist eurem Bewusstsein weder die Einheit noch das Getrenntsein bewusst. Nicht was ihr denkt, denkt eure Seele. Das, was ihr ganz tief fühlt, fühlt eure Seele. Zunächst müsst ihr den Verstand ausschalten. Leider gibt es dafür keinen modernen Schalter. Also halte inne und gehe tief in dich hinein bis nur noch ein Fühlen ist. Du kannst deine Augen schließen und trotzdem noch tiefer schauen, tief in dich hinein. Lass deinen inneren Blick wandern. Wo ist deine Seele? Es kann dauern, doch wenn du es wirklich möchtest, findest du diesen unbeschreiblichen, ewigen Teil von dir. Irgendwann wirst du dabei auf dein Herz stoßen. Ganz tief in deinem Herzen gibt es etwas, was kein Anatom entdecken und beschreiben kann. Du aber fühlst es jetzt ganz sicher. Vielleicht erst als kleinen Funken. Geh näher und der Funke setzt dein Herz in Brand. Wenn sich der Verstand und die Seele treffen, irgendwann im Gleichklang schwingen, ist das die Vollendung. Eine Ahnung davon erfährst du schon. Deine Seele ist weise und gütig. Sie braucht ein Pendant, an dem sie wachsen kann. Wenn du die Seele spürst, tut es fast weh vor Glück. Wenn du sie gefunden hast, erkennst du sie sofort. Zunächst mag das Gefühl flüchtig sein. Doch von Mal zu Mal wird die Vertrautheit zwischen Bewusstsein und Seele deutlicher. Bis du merkst, dass es eigentlich gar keinen Unterschied gibt. Dann öffne den Blick weiter. Du wirst sehen, dass deine Seele nicht nur in deinem Herzen ist. Sie geht über den Körper hinaus, umhüllt ihn. Hier ist sie noch intensiver erfahrbar, hell strahlend. Öffne den Blick weiter und du erfährst sie immer feiner, bis sie in allem verschwimmt. Hier vereinigt sie sich mit allem, was ist, und bleibt doch sie selbst. Alle Seelen mit der gleichen Frequenz treffen sich, tauschen sich aus, befruchten sich, vereinen sich und bleiben doch eigenständig. Wenn du die Kunst, deine Seele bewusst zu erfahren, beherrschst, wirst du schon zu Lebzeiten erfahren, dass sich Einheit und Eigenständigkeit nicht ausschließen, wie Zellen, die zu einem Organ gehören. Der Kosmos funktioniert im innen wie im außen. Für dich ist das noch unvorstellbar, weil du dir noch nicht vorstellen kannst, deine Individualität in allem, was ist, aufgehen zu lassen und sie doch zu behalten. Du darfst keine Angst haben, dein Ich zu verlieren. Es wird nur erweitert, bereichert. Mit jedem Schritt in die richtige Richtung mehr, bis alle Seelen im Gleichklang sind. Also versuche von nun an täglich, deine Seele zu erfahren. Schicke deine Gedanken zu ihr, ins innere wie ins äußere. Plaudere mit ihr, fühle mit ihr, reise mit ihr, erfahre mit ihr, finde mit ihr Gott in dir.

Du bist gesegnet!

LEKTION 3

Hast du deine Seele gefunden? Dann spring mit ihr durch Raum und Zeit. Sei frei, sprenge Grenzen. Flieg bis zum Mars und weiter, entdecke die Galaxien. Dann entdecke die Wassertropfen, die kleinen Zellen, die Atome. Deine Seele hat außergewöhnliche Sinne, die viel mehr wahrnehmen als die Augen oder Ohren. Höre die himmlischen Töne. Ganz leise und ganz laut. Zunächst wirst du dich in fassbaren Dimensionen bewegen. Du wirst sehr zarte Dinge wahrnehmen, die deiner Aufmerksamkeit bisher entgangen sind. Wage dich weiter vor. Entdecke für dich Übersinnliches, versuche, hinter den Vorhang zu schauen. Engel, aufgestiegene Meister, Verstorbene, alle kannst du wahrnehmen, wenn du soweit im Einklang mit deiner Seele bist. Öffne dein Herz, denn deine Seele sieht mit dem Herzen. Die Engel gehören auch zu deiner Familie. Suche ihren Kontakt. Schwinge höher, die Frequenz der Liebe ist der Schlüssel. Und dann suche auf Erden und im Himmel nach Seelenverwandten. Eure Seelen werden sich erkennen. Einer allein kann nicht so viel ausrichten, wie viele Gleichgesinnte. Auch ich war damals nicht allein. Erst wenige und dann immer mehr waren an meiner Seite. So braucht auch ihr eine machtvolle Gemeinschaft. Gleiches zieht Gleiches an. Je mehr gleiche Energie sich ansammelt, desto stärker ist die Anziehungskraft. Lichtvolle Seelen werden die Welt und den Himmel erhellen. Deine Aufgabe ist es, andere Seelen zu suchen und anzuziehen. Ist eure Kraft groß genug, braucht ihr gar nicht für irgendetwas zu kämpfen, da sich automatisch das Gegenteil zurückzieht. Wenn ihr zusammen reines Licht seid, ist für die Dunkelheit kein Platz mehr, sie wird überstrahlt. Lasst nicht nach, euer Licht auszudehnen, über den Horizont hinaus. Dann wird es einen Quantensprung der Seelenentwicklung geben, eine Kraft, die nichts mehr stoppen kann.

Fangt also im Kleinen an, durch die Innenschau, entdeckt eure eigene Seele wieder und dann zieht immer mehr positive Energien an.

Du, ihr seid gesegnet!

~

Diese Lektion schien mir zunächst unmöglich. In der Praxis nicht durchführbar. Das ist ja wie lebendig tot zu sein, habe ich gedacht. Beide Ebenen gleichzeitig zu spüren. Etwas abgehoben für Normalsterbliche. Trotzdem habe ich mich auf das Abenteuer eingelassen und zunächst natürlich rein gar nichts gespürt. Ich neige dann auch leicht zum Verzagen, alles in Zweifel zu ziehen. Doch plötzlich nach vielen, vielen Versuchen konnte ich außerhalb von mir eine Seele wahrnehmen. Sie gehörte einem erwachsenen Mann, doch sie war ganz klein und zart und sehr zerbrechlich. Sie hatte schreckliche Schuldgefühle und hatte sich nicht weiter entwickelt. In ihrer Verstrickung fand sie sich nicht würdig und hat alle, die sie liebte, irgendwann zurückgestoßen. Sie war zerrissen, zwischen dem Wunsch nach Liebe und dem Gefühl, die Liebe nicht zu verdienen. Ich habe meine Seele zu der so verloren wirkenden Seele geschickt, um sie zu umarmen, sie willkommen zu heißen, sie bedingungslos anzunehmen und zu lieben. Ich kann nur sagen, meine Wut auf diesen Menschen war augenblicklich verschwunden. Durch den Blick hinter die Fassade, ins tiefe Innere, konnte ich verstehen und dann auf ihn zugehen und ihm die Hand reichen. Diese Einblicke sind mehr als ergreifend, wenn man sie erfahren darf. Sie gelingen mir auch wahrlich nicht jeden Tag. Aber ich versuche seitdem, gerade in schwierigen Situationen und bei Problemen, Seelenkontakt aufzunehmen. Hoffentlich gelingt es tatsächlich auf dieser Ebene das zu schaffen, was mit dem menschlichen Ego unerreichbar scheint. Einen Gleichklang ganz ohne Kampf oder Zwang. Zunächst im Kleinen und, wer weiß, vielleicht dann später zum Wohle ganz vieler oder sogar von allen.

LEKTION 4

Diese Lektion ist eine sehr kreative. Höre nicht auf andere, höre auf dein Herz. Kein Prophet, kein Lehrer, kein Guru, kein Meister, nicht ich und nicht Gott können dir sagen, was du zu tun oder zu lassen hast. Das ist Gottes Plan. Er will keine Marionetten, die nach seiner Pfeife tanzen. Er will Bereicherung seines Spirits durch Vielfalt. Das Machtgefüge auf Erden ist leider noch anders. Weltherrscher oder auch Religionsführer geben die Richtung vor und das Volk soll folgen. Oft ist dabei physische oder psychische Gewalt im Spiel. Moralpredigten etwa, die auf Strafe oder Furcht setzen im Jetzt oder nach dem Tode. Sei frei im Denken und Handeln. Sei kritisch und selbstkritisch. Sei selbstverantwortlich du Seele. Kein Mensch darf sich über andere stellen. Jeder muss seinem eigenen Gewissen folgen. Natürlich gibt es Regeln und Ordnung. Aber jeder im Gefüge ist gleich viel wert und wertvoll. Nur so kann es Freigeister geben. Menschen, die nur konsumieren, tun, was man ihnen sagt, nicht hinterfragen, bringen die Welt nicht weiter. Wenn du magst, les die Bibel, les den Koran, hör die Prediger, hör die Machthaber, hör auch, was ich einst sprach. Hör und urteile selbst. Denk nach. Heute gebe ich die Richtung nicht vor, sondern fordere dich auf, in Gottes Sinne zu handeln. So, wie du es für richtig hälst. Jeder hat seine Lebensaufgabe. Die kennst du tief in deinem Herzen. Bring sie jetzt in dein Bewusstsein. Such, bis sie klar vor deinen Augen erscheint. Du kennst sie, jeder kennt sie. Nun, wo du deine Seele, dein wirkliches, unendliches Ich kennengelernt hast, findest du auch dein persönliches Ziel zur Verwirklichung von Gottes Plan. Heute, morgen, in einem Jahr. Plötzlich wird die Ahnung zur Gewissheit. Und dann schlag diesen Weg ein, bleib nicht passiv, sondern geh. Auf diesem Weg wirst du automatisch all die Seelenverwandten treffen, die gleiche oder ähnliche Ziele verfolgen. Geht gemeinsam als friedliche Krieger Gottes. Also, sei neugierig auf dich selbst. Wie du die Erkenntnis findest, ist dein Ding. Gebete, Meditation, die Natur, Gespräche, mache dich auf die Suche. Mach dich auf deine persönliche Suche. Hör nicht auf andere. Wer kann sich anmaßen, über deine Persönlichkeit zu bestimmen, wo Gott selber euch den freien Willen geschenkt hat? Wer maßt sich an, weiser und mächtiger zu sein als Gott? Deine Seele hat das Rüstzeug. Aber, verwechsele nicht den Willen deines Egos mit dem Willen deiner Seele.

Diese Lektion ist etwas für Weise und Fortgeschrittene, die zu unterscheiden wissen. Fühlt sich tief im Inneren etwas falsch an, ein leises Unbehagen, ist es sicher nicht der Weg Gottes. Ein Umweg ist für Gott auch o.k. Aber letztlich ist nur der reine, lichterfüllte Weg echt und wahrhaftig. Gott setzt auf dich als freie Seele. Deshalb werde ich auch keine Technik lehren, wie du den Zugang findest. Die einzige Technik ist, auf deine Seele zu hören, ihr zu vertrauen und mutig los zu gehen. Halte immer mal inne in deinem Leben, halte die Zeit an und spüre nach. Denk mit dem Herzen. Das ist der einzige Trick. Ich verordne keine Diäten, strenge Meditation oder Askese. Du selbst musst den Weg zu dem Weg finden, sonst ist es nicht deiner. Du hast das Potential, sei sicher. Glaube dir, dann wird der Himmel dich hören. Das geht nicht ohne Zielstrebigkeit, Selbstvertrauen, Mut und Beharrlichkeit. Du weißt ja, du musst Gefühle in die Gedanken legen, dann werden sie Realität. Eine Gebrauchsanleitung für dein Leben widerspricht den göttlichen Gesetzen. Deine Seele soll sich selbst erleuchten, sonst hätte Gott nicht Menschen, sondern Götter erschaffen. Du bist gewissermaßen Gott, der die Göttlichkeit nur noch entfalten muss. Auf deine Weise, in deinem Tempo.

Du bist gesegnet!

~

Keine leichte Kost, wie ich finde. Danke für das Vertrauen, Jesus. Aber ein wenig Hilfestellung wäre nicht schlecht. Ich persönlich denke, ich habe meinen Lebensweg gefunden, in meiner Familie, in meinem Beruf und

durch die Begegnung mit Jesus. Das ist eine große Gnade,
aber auch eine Bürde. Denn täglich hundert Mal glaube
ich, dass ich dieses Vertrauen gar nicht verdient habe,
beginne zu zweifeln und zu hadern. Ein ganz schöner
Druck lastet auf meinen Schultern. Jesus sagt, ich kann
heilen, wenn ich nur durch mein Herz ein offener Kanal
sei. Aber wohin schiebe ich die Zweifel? Woher nehme
ich den Mut, alles, was ich über Medizin gelernt habe,
alles, was in meinem Kopf ist, außen vor zu lassen, und
nur über mein Herz mit Selbstverständlichkeit zu heilen?
Oft nehme ich es mir fest vor und greife dann doch lieber
wieder zu meinen Apparaten oder Heilpflanzen. Ja, und
wohin mit meinen Fehlern auf diesem Weg zur Erleuch-
tung? Wohin mit Eifersucht, Ungeduld, Neid oder Stolz?
Leider bin ich nicht so selbstlos und edel, wie ich mich
selbst gerne hätte. Mein erster Schritt zum Ziel ist viel-
leicht die Erkenntnis. Ich denke, dass ich mich auf mein
Gefühl inzwischen hundert Prozent verlassen kann. Nur,
die Einsicht ist das eine, die Umsetzung das andere. Also,
danke für den Vertrauensvorschuss, ich arbeite daran.

Wenn ich vor einer schwierigen Aufgabe, wie einer
Heilung oder dem Aufschreiben der Worte Jesus stehe,
stärke ich zunächst meine Chakren. Ich will dich nicht
mit Chakren langweilen. Darüber gibt es genug Litera-
tur. Ich will nur meinen Weg beschreiben, wie ich den
Zugang finde, als etwas Handfestes, eine kleine Hilfe-
stellung. Die Chakren sind strudelförmige Energiefelder,
die, je nach Lage, Körper und Seele beeinflussen. Ich

*hole mir meistens Kraft aus der Mutter Erde und las-
se diese Kraft wie durch Lichtsäulen an meinen Füßen
hinaufsteigen, um die Chakren zu harmonisieren. Von
unten nach oben. Die Lichtsäulen erleichtern einfach die
Imagination. Konkret gehe ich mit meinem Bewusstsein
vom Kopf, durch den Hals bis zum Herzen. Dort halte ich inne und spüre die Liebe zu Mutter Erde. Dann
gehe ich mit diesem liebevollen Bewusstsein durch meinen Körper weiter hinunter, durch die Füße, bis tief in
die Erde. Ich nehme die warme Energie in mir auf und
schicke gleichzeitig meine Liebe bis zum Kern. Ich gehe
immer tiefer bis zum Kern. Den stelle ich mir wie einen
wunderschönen, klaren Kristall vor. Ich umschließe diesen Kristall mit meinen Wurzeln und gebe meine Liebe.
Gleichzeitig nehme ich die Kraft und Liebe der Erde auf
und nehme sie durch eine Lichtsäule in meinen Gedanken wieder hoch bis zu meinen Füßen, die Beine entlang.
Dann harmonisiere ich mit dieser geballten Kraft meine
Chakren. Zunächst das Wurzelchakra am Steißbein, solange, bis es in einem wunderschönen Rot erstrahlt. Die
Farben müssen klar, hell und strahlend erscheinen. Das
Sakralchakra liegt über dem Schambein und leuchtet
in einem hellen Orange. Dann geht es weiter zum Solarplexuschakra, genau unter dem Brustbein. Ich warte,
bis es im schönen Hellgelb erscheint. Das Herzchakra,
mein Lieblingschakra, soll hellgrün leuchten. Ich nehme oft noch ein funkelndes Gold wahr, dann bin ich in
meinem Kommunikationsmodus. Weiter geht es mit der*

Farbe Hellblau am Hals. Genau zwischen den Augenbrauen warte ich auf ein Dunkelblau. Und dann kommt das Kronenchakra, das Tor zum Kosmos. Hier nehme ich manchmal ein strahlendes Weiß wahr mit einem Hauch Violett dazu. Wenn ich also mit Hilfe von Mutter Erde meine Chakren harmonisiert habe, bin ich stark und offen für Heilungen oder Kommunikationen der anderen Art. Sieben Chakren, sieben Farben, mehr braucht man sich nicht zu merken. Die magische Sieben!

Die Organe, die Nerven und auch die psychischen Aspekte, die mit den jeweiligen Chakren in Verbindung stehen, werden automatisch mit harmonisiert. Im Übrigen können die Energien der Chakren nicht nur zu schwach, sondern auch zu stark sein. Das ist für Laien nicht ganz einfach zu beurteilen. Deshalb rede ich von harmonisieren oder ausgleichen. Die Feinheiten kann man getrost den höheren Mächten überlassen.

Manche brauchen vielleicht noch etwas Handfestes am Anfang, obwohl das eigentlich gar nicht nötig ist, spirituelle Helfer etwa. Bleiben wir doch bei der göttlichen Sieben. Jedem Chakra können Kristalle zugeordnet werden. Früher habe ich gerne Steine benutzt, sie bei mir getragen. Hier also meine persönlichen Lieblingssteine zur Chakrenharmonisierung:

WURZELCHAKRA roter Rubin
SAKRALCHAKRA Karneol

SOLARPLEXUSCHAKRA *Citrin*
HERZCHAKRA *Rosenquarz*
HALSCHAKRA *Aquamarin*
DRITTES AUGE *Bergkristall*
KRONENCHAKRA *Amethystquarz*

*Das ist, wie gesagt, nur eine kleine Auswahl an Cha-
krensteinen. Oder man nimmt nur einen Stein und lädt
ihn mit positiven Gedanken oder imaginären Farben auf.
Zu Beginn habe ich mir öfter einen Bergkristall auf die
Stelle zwischen den Augenbrauen gelegt, in der Hoffnung,
plötzlich übersinnliche optische Wahrnehmungen zu entwickeln. Leider hat sich nichts getan, gar nichts. Erst als
mich Christus lehrte, mit dem Herzen zu sehen, funkti-
onierte es manchmal. Vielleicht würde es sogar immer
klappen, wenn ich immer richtig mit dem Herzen sehen
könnte. Aber, wie es nun mal so ist mit dem Herzen, es
lässt sich nicht überrumpeln. Die Gefühle müssen immer
rein, klar und voller guter Absicht sein. Ich bleibe dran …*

*Ich habe da einen ganz besonderen Lieblingsstein,
einen einfachen, kleinen Bergkristall. Den habe ich an
dem Abend geschenkt bekommen, an dem Jesus zum ersten Mal plötzlich an meiner Seite stand. Ich habe ihn immer bei mir getragen. Eines Abends, als ich meine Jeans
auszog, ist er auf den Steinboden gefallen und zersprun-
gen. Ich war total erschrocken und traurig. Gerade dieser
Stein, an den ich mich so geklammert hatte. Dann aber
kam mir in den Sinn, dass ich eigentlich keine Hilfs-*

mittel brauche, um Jesus nah zu sein. Manchmal, wenn ich mich ängstlich, alleine oder schwach fühle, stecke ich mir trotzdem ein Stückchen des zerbrochenen Steines in die Hosentasche. Im Großen und Ganzen versuche ich aber, möglichst unabhängig von materiellen Dingen zu werden, am Ende eben nur noch mit dem Herzen zu sehen, zu hören, zu fühlen, zu wissen. Ich glaube fest daran, ich stelle es mir vor, ich fühle es und lasse so immer mehr Wunder geschehen.

LEKTION 5

Wo stehst du nun? Du bist ein anderer Mensch, oder? Nun gilt es, deinen Plänen Leben einzuhauchen. Fülle sie mit Leben. Vielleicht musst du vieles Gewohnte hinter dir lassen, Bequemlichkeiten aufgeben, vielleicht auch Verbindungen, neue schließen. Wenn das Rad einmal angestoßen ist, läuft es von selbst. Von Zeit zu Zeit musst du inne halten, die Richtung überprüfen. Wenn der Kurs dein Lebenskurs ist, werden sich Aufgaben, Gleichgesinnte, die richtigen Orte zur richtigen Zeit, von selber finden. Es werden sich Türen öffnen und ungeahnte Möglichkeiten. Der Himmel ist bei dir. Du schwingst nun so hoch, dass du die Frequenz der himmlischen Helfer erreichen kannst und sie dich. Wenn es für deine höhere Sache ist, wenn es deinem göttlichen Plan dient, werden sich die richtigen, unsichtbaren, oder vielleicht für dich schon sichtbaren, Geister finden. Deinem Erfolg steht nichts mehr im Wege, keiner kann dich aufhalten. Du kannst fliegen, zumindest in Gedanken und in der Phantasie. Die Gedanken sind jetzt der Schlüssel, noch stärker als je zuvor. Du kannst nun intensiv denken, fühlen und erleben. Du weißt zielsicher, was für dich richtig und falsch ist. Du kennst deine Ziele. Jetzt übe dich in der Kommunikation mit dem Kosmos. Das ist unendlich einfach, wenn man Herr seiner Gedanken ist und wenn denken und fühlen eins sind. Das heißt, wenn die Gedanken durch die dazu passenden Gefühle verstärkt werden. Dann kannst du Engel rufen, Meister und auch mich. Es gibt auf der anderen Seite so etwas wie »Fachleute« für alle Bereiche. Begnadete Chirurgen, kreative Geister, Organisatoren, Lehrer, Erfinder, was man sich vorstellen kann. Gehst du mit ihnen in Resonanz, kannst du auf sie zählen. Dann handeln sie quasi mit und durch dich. Wichtige Erfindungen kommen dir vielleicht so in den Sinn, oder grandiose Musikstücke, weltbewegende Texte, oder du entfernst einen Tumor ohne Operation. Die Möglichkeiten sind grenzenlos. Es kann nicht schaden, sich mit den Talenten der Engel auseinanderzusetzen. Viele haben da schon vieles beschrieben, die dir an Erfahrung voraus sind. Du kannst es auch auf deine Weise tun. Erfühle die Engelenergie einfach. Du kannst auch die Namen der Engel und himmlischen Helfer erfühlen, ihre Aurafarbe oder den inneren Klang ihrer Stimmen. Übe dich nun in dieser außergewöhnlichen Kommunikation. Du kannst das auch mit dir bekannten Verstorbenen versuchen. Das funktioniert gut, wenn du mit den Verstorbenen auf einer Wellenlänge schwingst. Also verzage nicht, geh wieder in dich und fühle. Wo liegt deine Stärke, im Sehen, im Hören, im Fühlen?

Irgendwann wirst du alle Übersinne gleichermaßen wahrnehmen und schärfen. Wie viel reicher wirst du sein! Jeden Tag musst du von nun an üben, aber nicht krampfhaft. Ein Geschenk kann man nicht erzwingen. Man bekommt es, man muss nur offen und bereit sein. Atme die kosmische Kraft bewusst ein. Nimm den göttlichen Atem tief in dir auf. Fühle, wie die Energie deinen Körper durchströmt. Dann lass sie in deine Gedanken fließen. Deine Gedanken schaffen Wirklichkeit. Das hast du schon gewusst, aber kannst du sie wirklich lenken? Beobachte, dass Gedanken ohne Gefühle verfliegen, sich auflösen, wie sie gekommen sind. Gedanken aber in Emotion sind machtvoll. Negative Gedanken in Emotion auch. Negative Gedanken, die dich kalt lassen, können keinen Schaden anrichten, weder bei dir, noch bei anderen. Negative Gedanken allerdings, die durch Gefühle genährt werden, wirken zerstörerisch. Damit kannst du unbewusst deine eigene Seele vergiften, deinen Körper, dein Umfeld. Also übe, die Gedanken zu kontrollieren. Lass die Gedanken nicht ziellos dein Leben gestalten, sondern gestalte mit deinen Gedanken dein Leben, dein Schicksal und das Schicksal der Welt. Solange du nicht völlig eins bist mit Gottes Plan, hast du als Mensch ungesteuert immer negative Gedanken, jeden Tag, jede Stunde. Schenk ihnen keine Beachtung, übergib ihnen keine Macht. Denk an das Gegenteil und versuche, Gefühle herein zu bringen. Nichts ist schlimm oder zerstörerisch, wenn du ihm keine Aufmerksamkeit schenkst. Welcher Mensch, welches Wort kann dich treffen, wenn du ihm keine Beachtung schenkst? Gedanken, die dich weiterbringen, dich beschenken, Glück und Segen bringen, lasse tief in dein Herz hinein. Dann bekommen sie Kraft und können Tatsachen schaffen. So sind auch überirdische Taten möglich, dann sind übersinnliche Begegnungen möglich, dann ist alles möglich.

Übe dich in der Kontrolle der Gedanken. Wenn du darin Meister bist, übe die übersinnliche Kommunikation, mit Vertrauen, Freude und Glauben. Rufe jemanden von der anderen Seite und spüre die Energie, siehst du sie, hörst du sie, spürst du sie? Du spürst die Nähe körperlich, ein leichter Druck, ein Kältegefühl, alles ist möglich. Nimm jetzt möglich oft Kontakt auf und erfahre die unterschiedlichen Energien. Die Energien sind glücklich über die Annäherung, sie sind unendlich geduldig. Rufe sie nah, ganz nah und schicke sie wieder weiter weg, spüre den Unterschied, frage nach ihrem Namen, vielleicht entwickeln sich Buchstaben vor deinem geistigen Auge oder du weißt ihn einfach. Es ist ganz einfach. Sei rein und offen.

Du bist gesegnet.

~

Ja, ja, ganz einfach. Jesus, für dich vielleicht. Ich hätte lieber eine Gebrauchsanleitung, die mir Lektionen vorgibt. An dieser Stelle kommt mir in den Sinn, dass ich die Engel vorstelle, die ich kenne. Sieben, weil Jesus auf die Zahl Sieben ja offensichtlich steht. Da ist zunächst mein ständiger Begleiter, Gabriel, dann Michael, Raphael, Chamuel, Arielle, Haniel und Raguel. Da ich nicht einfach abschreiben will, was andere über Engel bereits geschrieben haben, habe ich Jesus nach seinen himmlischen Kumpeln gefragt, wo und wie sie euch unterstützen können.

GABRIEL

Wo ich bin, ist auch Gabriel. Diese Engel-Energie ist meine Vorhut und meine Nachhut. Sie öffnet Wege und Herzen. Sie ist ungemein kreativ. Wann immer du eine ausgefallene Idee hast, einen genialen Gedanken, dann hat Gabriel die Hände im Spiel. Dieser Engel ist gut für gute Laune. Ist die Stimmung gedrückt, ist Gabriel genau die Richtige. Sie verbreitet nur das Positive. Negatives ist nicht in ihrem Energiespektrum vorgesehen. Sie verbreitet Licht und Liebe. Sie hat ein offenes und nahezu kindliches Gemüt. Sie ist so rein in ihrer Fröhlichkeit und Leichtigkeit wie ein neugeborener Tag. Sie hüllt alle in ihrem Umfeld in diese Emotion.

Sitzt du in der Klemme oder musst du besonders originell oder schlagfertig sein, musst du eine Rede halten, eine Diskussion führen, tüftelst du über ein Problem, hat Gabriel längst die Lösung. Wenn du dich auf sie einlässt, begleitet dich dieser Engel federleicht durch das Leben. Sie trägt dich auf ihren Flügeln. Das Leben ist nicht todernst, sondern richtig amüsant, wenn du es mit Gabriel teilst. Einen besseren Begleiter kann man sich nicht wünschen. Ich liebe Gabriel und wir haben viel Spaß miteinander. Ja, auch wir haben Spaß auf der anderen Seite. Ist Gabriel in der Nähe, wird das Herz leicht und beschwingt. Sie liebt Kinder und solche, die Kinder im Herzen geblieben sind. Siehst du in der Finsternis Funken sprühen, hell und leuchtend, dann ist es

Gabriel, die Licht, Stimmung und Glück in dein Leben bringt. Fortan und für immer!

~

Ich hatte Gabriel früher immer für männlich gehalten. Doch die Energie ist eher weiblich. Aber eigentlich sind Engel immer beides. Sie sind in sich perfekt und vereinen männliches und weibliches, wobei eine Seite offensichtlich dominiert.

MICHAEL

Michael ist ein wahrer Himmelsstürmer. Ein Held, ein energetischer Muskelprotz. Seine Stärke ist unermesslich. Wann immer du dich schwach fühlst, wende dich an ihn. Er ist der Streiter des Lichts. Sein Schwert ist reine Energie, der keine dunkle Macht Widerstand zu leisten vermag. Er durchbricht das dunkelste Dunkel mit seinem Lichtschwert. Seine machtvolle, liebevolle Energie ist so stark, dass für Abgründe gar kein Raum bleibt. Wo er ist, ist Licht. Wenn du dich unter seinen Schutz begibst, brauchst du nichts mehr zu fürchten. Nicht Leben oder Tod. Seine Waffe, die bedingungslose Liebe, schlägt alles. Wenn du ihn aufrichtig liebst, dient er dir bedingungslos. Er beschützt dich, deine Lieben, deine Tiere, deine Pflanzen, deine Seele für alle Ewigkeiten. Hast du Angst, egal wovor, ruf ihn. Er steht dir bei, umhüllt dich mit seinem Mantel aus Licht und Liebe. Er ist der Befehlshaber eines unvorstellbaren Friedenheeres. Unendlich viele friedvolle Energien hat er um sich versammelt und befiehlt diese Friedensengel. Du wirst ihn an dem Licht im Dunkeln, seiner goldenen Aura erkennen. Wahrscheinlich wirst du seine Kraft aber schon vorher wahrgenommen haben. Er hebt dich hoch, wenn du den Halt unter den Füßen verlierst. Er trägt dich, wenn dich die Kraft verlässt. Er haucht dir Mut ein, wenn du mutlos bist.

Wenn du eine leuchtend helle Urgewalt spürst, dann ist es Michael, der seinen Mantel des Schutzes für dich öffnet. Fortan und für immer!

RAPHAEL

Raphael hat quasi den grünen Daumen des Universums. Alles, was er mit seiner Energie berührt, wächst und gedeiht und wird heil an Körper und Seele. Er gießt Segen über die Erde, er pflanzt Wachstum und Gesundheit. Jedes Leben ist von Natur aus tadellos und heil. Der göttliche Samen ist perfekt. Entstehen im Laufe der Zeugung oder des späteren Lebens Abweichungen von der göttlichen Norm, kann Raphael Anstoß in die richtige Richtung geben. Er düngt mit seiner Liebe und Hingabe deinen Körper und deinen Geist. Dein Körper ist die Wohnung deiner Seele. Raphael kennt die Symbiose und die Einheit auf Zeit. Er kennt jede Zelle des Universums. Er heilt, wo Heilung gewünscht wird. Er ist der machtvollste Mediziner, Heiler, Schamane, Chefarzt und auch Gärtner des Kosmos. Wenn dein Körper krank ist und du für deine Lebensaufgabe neue Kraft brauchst, wende dich an Raphael und er wird Leid und Schmerzen heilen. Wenn du lebenslange Gesundheit, eine DNA wie aus dem Bilderbuch willst, suche Raphael. Allein sein Gedanke der Vollkommenheit wird dich wieder vollkommen machen. Kein Skalpell ist so scharf wie seine Gedanken, keine Medizin ist so wirksam wie seine grüne Energie. Auch wenn du anderen beistehst, sie heilst, ist er an deiner Seite. Er wird deine Hände, deine Energien führen und bündeln. Er wird dir Ideen von der richtigen Methode oder den wirksamsten Heilmitteln in den Sinn pflanzen. Du wirst ihn erkennen an der frischen, grünen Aura, die ihn umgibt. Spürst du eine Lebenskraft, eine Vitalität, einen Jungbrunnen, spürst du eine sagenhafte Energie, voll Überfluss, dann spürst du Raphael, den Heiler. Fortan und für immer!

CHAMUEL

Chamuel hat Feuer in seinem Herzen. Er steht in Flammen für die Seelen, die den rechten Weg suchen. Er leuchtet innerlich und äußerlich. Er ist ein wahrer Führer und Weiser. Er kennt alle Gesetze des Kosmos. Wenn du eine Frage hast, kennt er die Antwort schon längst und wird sie dir auf eindrucksvolle Weise zukommen lassen. Der Fachmann für Licht und Feuer und Weisheit wird dich mit seinem Strahl leiten. Du kannst das Ziel nicht verfehlen, vertraust du dich ihm an. Er kann seine Funken in dein Herz sprühen, so dass du für eine Sache auch zu brennen beginnst, eine nie dagewesene Leidenschaft entwickelst. Egal, was du suchst, mit ihm hast du es schon gefunden. Ob es sich banal um Gegenstände handelt, deine Seelenpartner oder gar den Sinn deines Lebens. Er ist allwissend und du wirst es mit ihm auch sein können. Ist dir deine Lebensaufgabe nicht bewusst, frag Chamuel. Er findet immer den Weg, um dir deinen Weg zu erhellen. Siehst du ein Flackern in der Finsternis, einen Feuerschein, spürst du plötzlich eine innere Weisheit, die Sicherheit, genau das Richtige zu tun, findest du dich selbst, dann hat Chamuel die Führung übernommen. Sein Licht der Erleuchtung erhellt deinen Weg. Fortan und für immer!

ARIELLE

Sie ist das Pendant von Michael. Sie ist auch eine Kämpfernatur. Sie ist mutig und stark. Doch anders als die Urgewalt von Michael, ist ihre Macht eher feiner, weiblicher. Sie hat ein Herz aus Gold. Allen, die reinen Herzens sind, die tief im Herzen mit ihr verbunden sind, bietet sie ihren Schutz. Sie behütet gerade die Schwachen, Mutlosen, die Unschuldigen, die Wehrlosen. Ihr Anliegen ist der Friede, die vollkommene Harmonie ist ihr Ziel. Sie schützt auch die Natur, die allzu oft mit Füßen getreten wird. Sie straft nicht, ihr Schutz ist subtil, indem sie Gedanken für gut und richtig in die Welt sendet. Ihre Macht ist ihr Einfluss auf dein Gewissen. Sie baut Biotope, Schutzräume, in denen ein Miteinander natürlich und leicht ist. Ihre Kraft ist die Reinheit. Ihr Licht ist strahlend und vermag augenblicklich Unordnung in Ordnung zu wandeln. Wenn du diesen Engel treffen möchtest, wirst du immer die richtigen Entscheidungen treffen, für dich und die Gesamtheit. Du wirst erkennen, dass du ein Teil des Ganzen bist. Ihr Schutz ist umfassend, er umfasst alles in einem. Bei ihr ist die Macht der Liebe wörtlich zu nehmen. Kein anderer Engel liebt die Erde mit all ihren Lebensräumen und Lebensformen wie Arielle. Mit ihren Tränen kann sie Ozeane klären, mit ihrem Strahlen bringt sie Ödland zum erblühen, mit ihrer Liebe lässt sie Menschen sich wieder lebendig fühlen, geerdet und abgehoben gleichzeitig.

Wenn du gleißendes Licht siehst in der Natur, im Spiegel eines Sees, in der Gischt des Meeres, im Tau auf einer Blüte, wenn du die Farbe Pink in deinem Herzen spürst, dich plötzlich verantwortlich und eins fühlst mit den Elementen, dann ist Arielle in ihrem Element. Fortan und für immer!

HANIEL

Haniel ist magisch. Sie umweht etwas Geheimnisvolles. Sie ist wie der Wind. Sie umschmeichelt mal sanft, mal stürmisch die Welten und alles Leben. Sie umspannt mit ihrer Energie Himmel und Erde. Sie ist zu Hause auf allen Planeten. Wenn du nachts im Mondlicht einen silbernen Strahl und einen leichten, kühlen Hauch wahrnimmst, ist die wundervolle Haniel in deiner Aura. Ihre Aura ist hell-silber, ihre Anmut zieht jeden in ihren Bann. Sie wirkt unnahbar schön, doch ihr Herz ist warm und voller Güte. Ihr höchstes Anliegen ist, die Schönheit des gesamten Universums den Menschen zu offenbaren. Deshalb ist sie die Kompetenzberaterin für außersinnliche Erfahrungen. Wenn du dich auf sie einlässt, ihre Energie mit allen Sinnen aufnimmst, wird sich deine Wahrnehmung Stück für Stück verändern. Wie ein klarer Kristall reinigt sie deinen Lichtkörper. Sie zieht den Schleier von deinen Augen, die Filter aus deinen Ohren. Sie befreit deinen Geist und dein Herz von Zweifeln. Mit ihrem silbernen Licht erhellt sie deine Sinne, sie überwindet alle Beschränkungen. Sie trägt dich federleicht über alle Grenzen und Schranken hinweg. Sie schenkt dir grenzenlose Freiheit.Wenn sich plötzlich der Schleier hebt, sich dein Horizont erweitert, du wirklich sehen, wirklich hören, wirklich fühlen, wirklich wissen kannst, dann hat Haniel ihren Zauber verbreitet. Fortan und für immer!

RAGUEL

Nie war er so wichtig, wie heute. Raguel sorgt für Beständigkeit in den Zeiten des Wandels. Er ist das ausgleichende Moment im kosmischen Durcheinander. Wo Chaos herrscht, wird er gebraucht, im Großen wie im Kleinen. Er ist der Topmanager des Universums. Er hat den Durchblick und sorgt für Ordnung. Er kennt die kosmischen Gesetze, die universellen Wahrheiten, den Plan Gottes. Er sorgt dafür, dass die Waage im Lot bleibt. Jetzt, da sich die Schwingung der Erde, die Magnetfelder immer schneller verändern, manövriert er die Menschheit durch diese Achterbahn. Wenn du denkst, du kannst nicht mehr folgen, dir die Zeit wegläuft, du es nicht schaffst, deine Frequenzen mit dem System kompatibel zu machen, ruf Raguel an deine Seite. Er bringt den Wellensalat wieder in Ordnung. Er erhöht deine Schwingung, deine außersinnliche Kompetenz, bis sie mit dem Kosmos wieder im Gleichklang ist. Er macht aus schief gerade. Er kann nicht anders, er jongliert mit Schwingungen und Stimmungen, bis alles stimmig ist, sich auf einem harmonischen Level einpendelt. Er dirigiert das unendliche Orchester, bis es melodisch klingt.

Wenn aus Wut Gelassenheit wird, aus Streit eine Umarmung, aus Ungeduld Verständnis, aus Verzweiflung eine tiefe Ruhe, aus Engstirnigkeit das gesamte Wissen des Universums, dann hast du Raguel in dein Leben eingeladen. Fortan und für immer.

Es ist wundervoll, von diesen Engeln umgeben zu sein. Wie sehr ist man beschenkt und gesegnet unter ihren Flügeln. Sie sind Jesus ständige Begleiter, die Boten Gottes. Lass sie in dein Leben, nimm dieses wertvolle Geschenk an und nichts wird mehr sein, wie es war. Ein Quantensprung in eine andere Dimension des Seins.

Diese kleine Auswahl ist lediglich eine Anregung. Vielleicht umgibt dich ja ein ganz anderer Lieblingsengel. Zudem hat jeder Mensch ja noch seine persönlichen Schutzengel. Und im Zweifelsfalle weiß Erzengel Michael immer, welcher Engel gerade richtig ist. Allen ist gemeinsam, dass der Flirt, der erste Schritt, von den Menschen ausgehen muss. Die Engel sind allgegenwärtig, offen und bereit, wenn die Menschen auch offen und bereit sind. Wenn sie aus tiefstem Herzen erwünscht und eingeladen sind, gehören sie plötzlich irgendwie zur Familie.

Bei mir ist es so, dass ich leider den Kontakt mit der anderen Seite nicht an- und ausknipsen kann wie eine Nachttischlampe. Die Energien suchen mich, wann und wie sie wollen. Das war wie bei der ersten Begegnung mit Jesus Christus, die mein Leben auf den Kopf gestellt hat. Doch manchmal, wenn ich denke, dass ich ihn wirklich brauche, spüre ich ihn rein gar nicht. Ich nehme an, dann muss ich halt alleine durch die Situation, meine eigene Erfahrung machen, mich selbst anstrengen. Wenn es darauf ankommt, ist er sicher da. Klar, kommen mir täglich Zweifel, aber die hatte Jesus als Mensch ja sogar selbst. Auch, wenn ein Patient vor mir steht, kommt nicht immer Hilfe von oben, wenn es mir gerade passt. Und manchmal, wenn ich gar nicht daran denke, steht plötzlich der verstorbene Ehemann einer Patientin neben dem Behandlungsstuhl. So real, als stände er leiblich da. Ich sehe ihn aber nicht wirklich optisch, das können vielleicht andere. Bei mir ist es so wie im Traum. Da sieht man ja auch Personen vor sich, die man genau beschreiben kann. So etwa. Ich fand den Begriff »drittes Auge« immer ziemlich diffus. Ich habe versucht, mich auf die Stelle zwischen meinen Augenbrauen zu konzentrieren, habe irgendwie erwartet, dass sich da eine Art dritte Optik entwickelt. Bei mir ist es aber eher ein ziemlich deutliches Bild im Kopf. Oder neulich, erschien eine kürzlich Verstorbene neben ihrem Ehemann und ich konnte deutlich spüren, dass die Frau sehr aufgebracht war. Erst Wochen später habe ich erfahren, dass ihr Ehemann längst wieder neu verliebt war. Also, glauben sie nicht, dass es im Himmel nicht auch negative Gefühle gibt. Wenn man noch nicht losgelassen hat, noch erdverbunden ist, und auch mit sich selbst noch nicht im Reinen ist, schwebt man wohl zwischen Himmel und Erde. Der Kampf mit sich selbst ist hier und dort der schwerste Kampf.

Doch zurück zu den Verstorbenen. Ich kann auch nicht unbedingt immer genau »hören«, was sie sagen, sondern nehme mitunter nur die Emotionen wahr. Bei Jesus Diktat war das anders, aber auch das geht nicht, wenn und wann ich es will. Meist werde ich angerufen. Also, ich bin bei weitem keine Fachfrau in Sachen Übersinnliches. Doch mit dem nötigen Gottvertrauen bleibe ich dran und hoffentlich mit mir ganz, ganz viele andere. Denn es gibt viel zu tun und es steht ja wohl viel auf dem Spiel.

LEKTION 6

Jetzt geh von innen nach außen, entfalte dein Potential. Denke groß, global, sieh das Gesamte. Weite deine Seele aus, steige höher und entfalte sie. So wird sie eins mit der Erde, mit den Ozeanen, den Kontinenten, dem Sand der Wüste, den Bäumen des Urwaldes, den Blumen, der Luft, den Tieren, den Menschen, dem Kosmos. Nimm dich als Teil, nicht als getrennt wahr. Umfange alles mit deiner Liebe und deiner Fürsorge. Spüre, was vital ist, und spüre, was sich krank anfühlt. So, wie du einen Schmerz in deinem Körper wahrnehmen kannst, spüre nun den Schmerz der Erde. Mach ihn dir zu eigen. Nur so wirst du zum wahren Jünger. Ebenso wie du deinem Körper, deinem Geist, deinem Über- und Unterbewusstsein, deiner Seele Aufmerksamkeit geschenkt hast, kümmere dich nun um dein erweitertes Selbst. Du brauchst nicht nur die Luft zum atmen, du bist die Luft. Du brauchst nicht nur Wasser zum trinken, du bist das Wasser. Alles ist eins. Wenn du sowohl die Pracht als auch die Verletzungen wahrnimmst, wirst du handeln. Also weite dein Bewusstsein, umspann den Erdball und weiter das gesamte Universum. Alles ist nur Energie, mehr oder weniger konzentriert. Spende positive Energie. Sobald du Schwachpunkte, Schmerzen, Krankheit, Disharmonie spürst, handele! Ja, es ist so einfach, sende schlichtweg positive Energie durch Imagination. Mache das mit vielen, die ähnliche Wahrnehmungen haben. Und dann handelt zusammen aktiv. Knüpft energetische Bande, rüttelt die nächsten auf, bevor es zu spät ist. Jeder, wie er es für richtig hält und jeder auf seine Weise. Werdet als Einheit die neuen Jünger, die neuen Retter. Nutzt eure Talente, nutzt eure Phantasie, um andere mitzureißen. Seid der Schneeball, der zur Lawine wird. Seid der Tropfen, der zum Meer wird. Verhandelt. Setzt Tatsachen, seid Vorbild. Schenkt den Kurzsichtigen Weitblick, ruft alle, die gleich schwingen. Und hört nicht im Kleinen auf, denkt global. Hört nicht nur die Worte Gottes, sondern lebt sie. Gott hat euch nur diese Erde zur Entwickelung, zur Entfaltung geschenkt. Haltet sie in Ehren. Das Universum zählt auf dich, zählt auf euch. Ruft auch alle jenseitigen Helfer. Sie stehen euch bei, wenn es euer Wille ist. Dann sind sie mächtiger, als ihr es euch vorstellen könnt. Sie werden euch Ideen und Strategien in den Kopf setzen und bei der Durchführung Wege ebnen. Die Erde ist eure Mutter. Alles Materielle geht aus ihr hervor. Es gibt nichts, was nicht von ihr ist. Sie schenkt euch alles, was ihr braucht. Ihr habt sie allzu oft missbraucht, mehr genommen, als gut und nötig ist. Mehr zerstört, als regeneriert. Ihr habt Natürliches umgewandelt in Unbeherrschbares. Die Erde ist einzigartig unter allen Planeten des Universums. Sie bietet Lebensraum, der so sonst nirgendwo zu finden ist. Doch ihr bringt sie an den Rand des Möglichen. Ihr konsumiert, ohne nachzudenken. So, wie euer Übermaß in eurem Körper Krankheiten schafft, macht ihr auch eure Erde krank. Ihr missbraucht eure Mutter, die euch bereitwillig alles gib. Nicht die Erde schlägt zurück, sondern das erzeugte Ungleichgewicht. Wie ein gestörtes Gleichgewicht, ein Zuviel oder ein Zuwenig in eurem Körper zum Beispiel Krebs erzeugt, erzeugt ein atmosphärisches Ungleichgewicht Katastrophen. Und die Zeit ist nicht fern, da werdet ihr euch selbst zerstört haben. Dann gibt es kein Zurück, in alle Ewigkeit. Einige wenige Weltverbesserer reichen nicht. Rüttelt andere wach, öffnet ihnen die Augen, macht ihnen Mut, resigniert nicht als Individuum, sondern handelt als Teil des Ganzen. Jeder, ja jeder ist eine Zelle des Körpers und trägt Verantwortung. Es ist zu leicht zu sagen, ich allein kann doch nichts ausrichten. Keiner ist allein, jeder ist alles! Ihr habt den Himmel als Verbündeten. Alle reinen Seelen des Himmels stehen bereit. Auch ihre Fortentwicklung steht auf dem Spiel. Eure zukünftige Fortentwicklung steht auf dem Spiel, eure Metamorphose zu Gott. Auch deshalb haben sich die Schleusen zwischen Dies- und Jenseits geöffnet, auch deshalb ist der Zugang offen wie nie. Ruft uns, dann bekommen eure Seelen Flügel, eure Macht wächst. Es ist nicht zu spät. Werdet zu Töchtern und Söhnen, die ihrer Mutter würdig sind.

Ihr seid gesegnet!

~

Oh Gott! Klar, machen wir uns Sorgen um unsere Umwelt, trennen den Müll und verwenden Bioprodukte und nehmen auch schon mal eher das Fahrrad. Aber da hört für die meisten das Verantwortungsgefühl für die Erde auch auf, oder? Ich kämpfe, wo ich kann gegen die neueste Umweltverschmutzung, deren Ausmaß wir noch in keiner Weise absehen können. Die Verseuchung unserer Atmosphäre mit Elektrosmog. Jede unserer Zellen ist wie eine kleine Antenne, die bombardiert wird mit völlig widernatürlichen Frequenzen. Ich werde belächelt, weil ich so vehement gegen Smartphones oder Schnurlostelefone wettere. Wie kann ich als kleiner Mensch eine Entwicklung aufhalten, die die Menschheit in ihren Bann gezogen hat, die die Menschheit abhängig gemacht hat? Bis heute habe ich dieses Problem auch eher medizinisch gesehen, habe das Wohl und Wehe meiner Familie und meiner Patienten im Sinn gehabt. Aber ich habe verstanden, ich muss über meinen Horizont hinaussehen, ich bin ein Teil des Ganzen und habe Verantwortung für das Ganze. Mir war auch nicht klar, dass es nicht nur um unser Leben geht, sondern auch, oder besser ganz besonders, um das Leben nach dem Leben. Das hatte ich bisher nicht bedacht. Wir dürfen unseren Seelen nicht die Grundlage ihrer Weiterentwicklung entziehen. Ich hoffe von ganzem Herzen, dass viele diese Zeilen lesen und zum Handeln bewegen. Mein Weg ist vielleicht das Aufschreiben dieser Zeilen.

Und was ist dein Weg?

LEKTION 7

In der Bibel steht »Am siebten Tage sollst du ruhen!«. Das sage ich auch. Die siebte Lektion ist dazu da, einfach nur zu sein, nicht zu funktionieren. Vielleicht ist sie für dich die schwierigste Lektion. Zu sein bedeutet nicht, nicht zu arbeiten. Zu sein bedeutet, sich auf sich selbst zu besinnen. Ihr jagt in eurer Zeit ständig irgendwelcher Aktivitäten hinterher. Reisen, Sport, Bildung, Besuche. Wenn ihr Ruhetag sagt, meint ihr in Wirklichkeit Aktionstag. Und das gerade meine ich nicht. Hier schließt sich der Kreis zu Lektion eins. Auch Lektion sieben ist eine Innenschau. Geh nicht, sondern setze dich und lerne dich noch besser kennen. Tu einfach nichts, außer wahrzunehmen. Bemüh dich nicht. Nur so hat deine Seele überhaupt eine Chance, in das Bewusstsein vorzudringen. Nur so haben auch die himmlischen Kräfte, all die geistigen Helfer, eine Chance, zu dir durch zu kommen. Wenn du immer »besetzt« bist, kann die Kommunikation mit dem Himmel nicht funktionieren. Hierzu brauchst du keine komplizierten Körperübungen, keine ausgefeilten, vorgedachten Meditationen. Lass einfach alles geschehen. Sei passiv. Du bist nach all den

Lektionen ein offener Kanal. Wir kommunizieren mit feinsten Schwingungen. Unsere Energie ist so fein, dass sie für Menschen in ihrer Körperlichkeit, in ihrer Dichte schwer wahrzunehmen ist. Wenn du sie plötzlich wahrnimmst, wirst du sie erkennen und deuten. Dein Körper ist wie ein Computer, der immer mehr Programme aufnimmt, verknüpft und dabei lernt. Es gibt keinen anderen Weg, als den ganz feinen, den scheinbar unsichtbaren, den scheinbar lautlosen. Um dich herum, direkt bei dir, ist eine andere Welt, sind andere Geister, die gerne mit dir in Verbindung treten. Ein Kribbeln, ein Lufthauch, kaum spürbar, ein Druck auf der Haut, ein Gefühl unter der Haut, ein Bild im Kopf wie im Film, eine Ahnung zunächst. Das alles ist der Anfang. Wenn du dem keine Bedeutung beimisst, die Empfindung nicht an dich heranlässt, sie nicht einordnest, du deine Antennen nicht auf Empfang stellst, wird aus den flüchtigen Eindrücken nie ein tiefes Wissen. Jeder in seinem Tempo, jeder nach seinen Stärken, jeder nach seiner Entwicklung. Also, tu einfach nichts und lass dich beschenken.

Du hast das Potential, sei geduldig, sei rein, zweifle nicht, hab Gottvertrauen. Ich umarme dich und irgendwann wirst du es real fühlen. Denn es ist real, wie du real bist. Noch bist du vielleicht blind, aber du wirst lernen, klar zu sehen. Noch bist du vielleicht taub, aber du wirst lernen, Hintergrundgeräusche zu hören. Noch bist du vielleicht unsicher, doch du wirst lernen, zu wissen.

Nun geh deinen Weg. Jeder Weg ist individuell und einmalig. Er kann sehr schmal sein, begrenzt. Oder er kann sehr weit sein. So weit, dass er andere mit einbezieht. Sein Horizont kann die ganze Welt umspannen. Sei weise, erleuchtet und mit Frieden im Sinn. Geh mit Liebe, sei erfüllt von der Energie der Liebe für alles, was ist. Dann wirst du eins sein mit allem, was ist und mit dem Schöpfer von allem, was ist.

Du bist gesegnet!

Mehr soll diese Schrift gar nicht umfassen. Alles, was ich übermittelt habe, ist wichtig, ist wahr und wahrhaftig, ob es euch gefällt oder nicht. Mehr Worte bedarf es nicht – zunächst. Lest diese Zeilen öfter, lasst sie zu eurem Begleiter werden. Es sind nicht viele Sätze. Sie zu lesen ist das eine, sie umzusetzen, das andere. Die Ziele sind hoch gesteckt, aber sie sind wichtig, überlebenswichtig! Es reicht nicht mehr, als Ego zu denken und zu handeln. Ihr müsst euch eurer Einheit bewusst werden. Alle, die Frauen, die Männer, die Kinder, die Lehrer, die Gelehrten, die Wissenschaftler, die Handwerker, die Politiker, alle müssen letztlich direkt oder indirekt diese Worte erreichen. Nur zusammen könnt ihr euch retten. Lest diese Zeilen immer mal wieder, integriert sie in euren Alltag, lasst sie lebendig werden. Brennt sie in euer Gehirn. Lasst sie nicht achtlos, unbeachtet abseits liegen. Lasst sie nicht in Vergessenheit geraten. Beherzt die Worte, setzt sie um, gebt sie weiter, verbreitet sie. Es bedarf nur wenig Zeit, sie zu lesen, aber mitunter viele Leben, sie umzusetzen. Das Universum ist gespannt, wohin das Pendel ausschlägt. Versucht abzuheben und wir werden mit euch fliegen. Gott ist bei euch, aber er wird nicht eingreifen, er wird euch nicht retten. Das müsst ihr selbst tun. Euer Schicksal liegt in eurer Hand. Gebt nicht anderen die Schuld für ein Scheitern. Ihr alle habt alle Macht der Welt. Die Welt ist ein Geschenk, sie gehört euch. Euer Schicksal ist mit ihr verbunden. In alle Ewigkeit. Oder eben nicht in alle Ewigkeit.

Noch liegt es bei euch.

~

Wir haben dann noch eine Kurzfassung der Lektionen erarbeitet, ein Sieben-Tage-Programm. Hat man einmal die lange Version erfahren, ist das eine Hilfe zur Umsetzung. So kann man sich jeden Tag der Woche einen Kurzurlaub gönnen, zehn Minuten reichen oft, aber das kommt auf dich an. Dieses Ritual wird nicht langweilig, auch nach vielen Wochen nicht, da man jeden Tag etwas Neues entdecken kann. Verliert man sich einmal vielleicht in einem kleinen Blutkörperchen, staunt man am nächsten Tag über das Wunder der Bauchspeicheldrüse. Man kann Ausflüge machen in unbekannte Dimensionen, sich in eine schöne Blume versetzen und Wesen treffen, die man vorher nicht wahrnehmen konnte. Aber bei allem gilt, und das ist ihm ausgesprochen wichtig, Jesus macht keine Vorschriften, nie! Er gibt nur Anregungen,

Hilfestellung. Er reicht seine Hand. Aber er hält damit niemanden fest. Jesus benutzt zudem oft seine Hände. Das ist eine Hilfestellung, um Energien zu lenken, die Aufmerksamkeit zu fokussieren. Wirklich nötig ist eine bestimmte Handtechnik eigentlich nicht, die konzentrierte Aufmerksamkeit aus dem Herzen reicht.

Zunächst ist es wohl sinnvoll, die vorgegebene Reihenfolge zu beachten. Der Ansatz von Jesus ist schlüssig. Alles hängt zusammen: Ist die kleine Zelle nicht intakt, ja ist ein Teilchen der Zelle nicht intakt, kann das Organ nicht funktionieren, was wiederum den gesamten Organismus beeinflusst. Aber auch ein krankes Umfeld, das direkte und das weite, hat Einfluss auf die kleinsten Mitochondrien. Du bist verbunden mit allem, wirklich allem, was existiert. Das tägliche Abenteuer kann beginnen.

~

So, meine Arbeit ist zunächst getan. Wenn es wirklich Gottes Wille ist, werden dich diese Zeilen erreichen, werden sie hoffentlich auch dein Herz erreichen und dich bereichern.

~

Für mich waren diese Wochen des intensiven Austausches mit Jesus spannend. Ich bin froh und dankbar, dass ich seine Sekretärin sein durfte. Es ist einfach unglaublich, so etwas zu erleben, total abgefahren und intensiv. Ich fühle mich wahrhaftig gesegnet und möchte nun Segen verbreiten. Wenn man sich auf seine Worte einlässt, ist alles möglich, grenzenlos. Versuch es, erfahr es, es wird alles auf den Kopf stellen.

LEKTION 1

Schau dir in die Augen, verweile etwas, erhöhe die Konzentration und schau tiefer. Spaziere durch deinen Körper, halte an, wo du aufmerksam wirst. Wo ist es strahlend hell, wo liegt ein Schatten? Suche den Dialog mit deinen Organen. Rede mit der Diva Schilddrüse, dem Multitalent Leber, der eigentlichen Chefin Herz oder lass dich treiben mit einem kleinen flinken Immunkörperchen. Arbeiten alle Hand in Hand, gibt es Quertreiber, Übereifrige oder gar Arbeitsniederlegungen in Deinem Körper? Wer oder was ist der Grund für den Streik, falsche Nahrung, Giftstoffe, Ärger, Trauer? Findest du einen Ort, der Hilfe braucht, bestrahle mit der Handfläche oder den Fingerspitzen einer Hand diese Stelle. Die andere Hand halte offen. Jesus benutzt übrigens meist Daumen, Zeige- und Mittelfinger als »Laser«. Wenn du nicht weißt, wo du die Hand genau platzieren sollst, halte sie über die Herzgegend. Das Herz weiß, was zu tun ist.

LEKTION 2

Werde zum Seelenfinder. Fühle tief in dich hinein, ganz tief und noch tiefer. Finde einen strahlenden Funken in deinem Herzen vielleicht oder an einem anderen Ort. Spüre ihn, fühle ihn, werde zu ihm, verschmelze mit ihm. Du bist der Funke, dein Denken ist nur noch Fühlen. Weite dich mit dem Licht aus, von dem Kern in deinem Inneren über deinen Körper hinaus bis ins Unendliche. Du bist du und doch bist du mehr. Wenn du magst, halte eine Hand offen, die andere über deinem Herzen.

Gehe mit deiner Seele auf Entdeckungstour. Erlebe das bisher Unfassbare, sprenge Grenzen des Verstandes, suche Seelenverwandte, das ist spannend. Alle, die mit dir in Resonanz sind, auf deiner Stufe stehen, kannst du treffen. Die Kraft der reinen Liebe ist dein Kompass. Sie wird dich leiten nach den Gesetzen des Universums. Die Hände kannst du dabei auf die Stelle zwischen deinen Augen richten, vielleicht stützt du deinen Kopf sanft auf die Fingerspitzen.

LEKTION 4

Vorab kannst du deine Chakren stärken, entweder mit Licht (s.o.) oder auch mit den Händen die Chakren kurz bestrahlen. Diese Vorübung ist im Übrigen für alle Lektionen geeignet, aber eben nicht zwingend notwendig.

Finde dein persönliches Lebensziel. Betrachte dich von außen, aus der Distanz. Siehst du deinen Weg aus vielen Leben? Mache eine Bestandsaufnahme. Wo bist du gelandet, wo willst du hin, bist du noch auf dem richtigen Pfad, musst du umkehren oder gerade so weitermarschieren? Sei ehrlich zu dir selbst. Übernimm die Verantwortung, lass nicht andere über dich entscheiden. Dein Gewissen macht die Gesetze. Handle aus tiefem Wissen und der reinen Liebe.

LEKTION 5

Setze nun deine wahren Ziele auch in Taten um, nach deinen Möglichkeiten, in deinem Tempo. Der Himmel ist mit dir. Bitte um Beistand und er wird da sein. Schärfe deine Sinne zu Übersinnen. Sehe das Unsichtbare, höre die Stille. Halte dabei deine Gedanken im Reinen, fokussiere sie, werde eins mit ihnen, fühle sie. Fühle deine Ziele vorweg, lass sie geschehen und sie werden geschehen. Tue, was für dich zu tun ist.

~

Meist halte ich dabei eine Hand auf das Herz, die andere auf die Stirn.

LEKTION 6

Erweitere nun deinen Horizont erneut. Vereine dich mit der Welt, dem Universum. Sei nicht nur Zuschauer, sondern werde eins mit allem. Werde zu Luft, zu Wasser, versetze dich in die Rolle eines Baumes, eines Vogels. Schwebe mit ihm, fühle dich beliebig in alles hinein. Wenn du wirklich eins bist, kannst du auch wirklich mitfühlen. Suche Gleichgesinnte und sende deine Hilfe dahin, wo deine Aufmerksamkeit dich hinführt. Wenn du willst, berühre dabei mit den Daumen deiner Hände die jeweiligen Ringfinger wie zu einem Kreis der Liebe.

LEKTION 7

Halte inne, tue nichts, sei einfach Liebe nach innen wie nach außen. Sei offen, lass dich überraschen, es wird Unglaubliches geschehen!

Es ist heiß, man kann kaum atmen, die Luft steht. Der Boden ist staubig. Es stinkt und es ist laut. Eine grölende Menge nähert sich. Die Stimmung ist, wie die Luft, zum Schneiden. Zorn, Häme, Spott. Und dann sehe ich ihn. Sie treiben ihn vor sich her, gnadenlos, wie ein Tier. Sie verhöhnen ihn, schlagen auf ihn ein. Ich bekomme seinen Arm zu fassen. Er ist schweißnass, glitschig, ich kann ihn nicht halten. Nur diese kurze Berührung, dieser intensive Geruch nach Schweiß und Angst und dann diese Augen, dieser Blick, der stumm sagt: »Es ist, wie es ist, es ist, wie es sein muss!«. Nein, nichts ist, wie es sein muss. Tränen, sie wollen nicht mehr versiegen. Warum muss das so sein? Die Emotionen sind da, als wäre alles gerade erst geschehen. Ich bin verzweifelt, kauere am Boden. Ich bin hilflos und wütend. Warum muss es so sein? Ich spüre den Staub, die Tränen, den Verlust, der nie enden wird. Untröstlich, verlassen im Staub. Doch das ist viele Jahre, viele Leben her, oder nur einen Augenblick.

NACHWORT

Für dieses Buch bin ich eigentlich gar nicht verantwortlich. Ich bin lediglich die Sekretärin, die zum Diktat
gebeten wurde. Mein Chef war nicht irgendwer und
auch irgendwie nicht von dieser Welt – und irgendwie
doch.

Bei meiner ersten Begegnung mit Jesus war ich sehr erschrocken, verwirrt, perplex. Dann aber wurde es Vertrautheit und das Abenteuer begann.

Obwohl mein Tagesablauf zwischen Beruf, Haushalt,
Fußballplatz, Pferdekoppel und Hausaufgaben bis auf
die letzte Minute vollgepfropft ist, blieb plötzlich doch
Zeit zum Schreiben. In Windeseile beamten sich die
Wörter förmlich in und durch meinen Kopf in die Hand.
Beim Tippen habe ich über den Inhalt selbst gestaunt.

Lange Zeit ließ ich die Zeilen dann erst mal in der
hintersten Ablage des Computers abgespeichert. Mein
Mann, ein Arzt, hat immer gesagt: »Wer Stimmen hört,
ist schizophren.« Wie also stand es um meine geistige
Zurechnungsfähigkeit? Bis auf meinen neuen Begleiter
ist eigentlich alles wie immer. Ich gehe meiner Arbeit

als Heilpraktikerin nach, ohne Heiligenschein und wehende Gewänder, ich muss mich weiterhin mit den Mathe-Textaufgaben meines Sohnes herumschlagen, ohne Einsteinsche Geistesblitze, ich galoppiere weiterhin auf meinem Pferd über die Wiesen, ohne dass ihm ein Horn auf der Stirn wächst und wir davon schweben. Und doch ist alles irgendwie anders. So, als ob sich mein Horizont erweitert, als ob sich mitunter der Vorhang etwas anheben und Einblicke zulassen würde. Es geschehen Wunder, über die ich mich mittlerweile schon gar nicht mehr wundere, sondern sie dankbar annehme.

Also, schizophren hin oder her, ich habe meinem Mann irgendwann doch das Manuskript gezeigt. Er fand es, für mich widererwartend, klasse und hat mich sogar bestärkt, es zu veröffentlichen. Denn die Botschaft solle doch die Welt bereichern, den Menschen dienen. Die Grenze zwischen Himmel und Erde allen öffnen, die ihren sechsten Sinn erweitern möchten.

So, lieber Jesus, darum musst du dich jetzt kümmern, ich habe von dem Geschäft keine Ahnung und auch keine Beziehungen, habe ich gedacht beziehungsweise dann nicht mehr daran gedacht.

Als ich einige Zeit später für meine Praxis ein Gerät gesucht habe, das homöopathische Globuli potenzieren kann, bin ich auf den Urteilchenstrahler der Firma WuWei aufmerksam geworden. Ich habe ihn zunächst ausgeliehen und war sofort fasziniert von der Stärke

und der wundersamen Ausstrahlung dieses eigentüm-
lichen goldenen Rohres. Natürlich habe ich den Urteilchenstrahler behalten, alles Mögliche ausprobiert und
letztlich auch das Originalmanuskript bestrahlt. So kam
ich zu dem Erbauer des Urteilchenstrahlers und Verle-
ger Richard Weigerstorfer, der gleich Nägel mit Köpfen
gemacht hat. Zufall oder Fügung? Wer weiß …

Danke Jesus für dein Handbuch zum Wundern.

ÜBER DIE AUTORIN

Dr. Heike Schneider-Klein, Journalistin, Heilpraktikerin und Baubiologin, lebt mit Mann, drei Kindern, Pferden, Hunden, Katzen und Schildkröten mit beiden Beinen auf dem Boden der Tatsachen. Bis sie eines Tages eine Begegnung der besonderen Art erfährt. Seitdem hat sie regelmäßig Dates mit Jesus, der ihr diese Zeilen diktierte: Spannend, aufrührend, zeitgemäß.

Jesus gewährt ihr Einblicke jenseits der menschlichen Wahrnehmbarkeit und schenkt ein Konzept zur Heilung – im Kleinen wie im Großen, im Innen wie im Außen. Der Himmel steht jedem offen, den Weg dahin bieten diese Zeilen.